Introducing
MLOps

MLOps 도입 가이드

| 표지 설명 |

표지 그림은 부내옵시스 우비에$^{Bunaeopsis\ oubie}$라는 아프리카 나방으로 자다크의 황제$^{Zaddach's\ Emperor}$라 불리기도 한다. 앙골라^{Angola}부터 에리트레아^{Eritrea}까지 중앙아프리카와 아프리카 동부 전역에 걸쳐 발견된다. 전 세계에서 가장 큰 수천 종의 나방을 포함하는 사투르니아^{Saturniidae}과에 속한다.

이 아프리카 나방은 날개를 펼치면 10인치에 달할 만큼 날개폭이 매우 넓어, 일부 새들보다도 더 클 정도다. 날개에는 독특한 무늬가 있다. 네 장의 날개 각각에 붉그스름한 갈색 원이 하나씩 있고 그 배경에 짙은 갈색 줄무늬가 있으며 흉곽 주변과 각 날개의 테두리를 따라 흰색 줄이 있다. 더듬이는 굵고 깃털로 덮여 있다. 털과 날개를 덮은 비늘은 왁스로 코팅되어 있어 몸 전체가 다 방수된다.

나방은 하얗고 향기로운 꽃에 끌리는 경향이 있으며, 밤에 쉽게 냄새를 맡고 뿌옇고 끈적거리는 몸으로 꽃의 수분을 돕는다. 수많은 동물과 새들이 나방을 먹이로 삼는데, 그중에는 올빼미와 박쥐도 있다. 나방의 애벌레는 도마뱀, 새, 작은 포유류의 먹잇감이 된다.

오라일리 표지에 등장하는 동물은 대부분 멸종 위기종이다. 이 동물들은 모두 소중한 존재다. 표지 그림은 카렌 몽고메리$^{Karen\ Montgomery}$가 그린 것으로, 자연사$^{D'Histoire\ Naturelle}$ 백과사전의 흑백 판화를 바탕으로 하였다.

MLOps 도입 가이드

기업에서 머신러닝 모델을 가장 효율적으로 운영하는 방법

초판 1쇄 발행 2022년 4월 29일
초판 2쇄 발행 2024년 7월 20일

지은이 데이터이쿠 / **옮긴이** 동동구 / **펴낸이** 전태호
펴낸곳 한빛미디어(주) / **주소** 서울시 서대문구 연희로2길 62 한빛미디어(주) IT출판2부
전화 02-325-5544 / **팩스** 02-336-7124
등록 1999년 6월 24일 제25100-2017-000058호 / **ISBN** 979-11-6224-550-7 93000

총괄 송경석 / **책임편집** 박민아 / **기획** 이다인 / **편집** 고지연 / **교정** 박정수 / **진행** 김민경
디자인 표지 윤혜원 내지 박정화 / **전산편집** nu:n
영업 김형진, 장경환, 조유미 / **마케팅** 박상용, 한종진, 이행은, 김선아, 고광일, 성화정, 김한솔 / **제작** 박성우, 김정우

이 책에 대한 의견이나 오탈자 및 잘못된 내용에 대한 수정 정보는 한빛미디어(주)의 홈페이지나 아래 이메일로 알려주십시오. 파본은 구매처에서 교환하실 수 있습니다. 책값은 뒤표지에 표시되어 있습니다.

한빛미디어 홈페이지 www.hanbit.co.kr / 이메일 ask@hanbit.co.kr

지금 하지 않으면 할 수 없는 일이 있습니다.
책으로 펴내고 싶은 아이디어나 원고를 메일(writer@hanbit.co.kr)로 보내주세요.
한빛미디어(주)는 여러분의 소중한 경험과 지식을 기다리고 있습니다.

Introducing
MLOps

MLOps 도입 가이드

O'REILLY® **H3** 한빛미디어
Hanbit Media, Inc.

기업 내 다양한 조직에서 폭넓게 활용하기 위해 머신러닝 프로세스에 대한 더 나은 전략과 활성화 방안을 찾고 있다면, 이 책이 정답이다.

— 아디 폴락Adi Polak

마이크로소프트, 수석 소프트웨어 엔지니어

기업 내 모델 배포 프로세스 및 시스템의 구축, 확장, 효율화 및 관리에 대한 탁월한 가이드다.

— 파룰 팬디Parul Pandey

H2O.ai, 데이터 사이언스 에반젤리스트

최근 다양한 머신러닝/딥러닝 기반의 모델들이 기업과 사회 문제 해결, 성과 향상을 위해 여러 분야에서 활용되고 있다. 이 책은 이러한 모델의 생애주기에 따른 효율적인 운영과 관리를 위해 MLOps의 기본적인 고려 사항과 노하우를 다루고 있다. 데이터 과학자뿐 아니라 데이터와 관련한 다른 직무를 수행하는 사람들도 최근 MLOps의 중요성을 크게 느끼고 있다. 이 책은 MLOps에 대한 기본 지식을 쌓고 다양한 사례를 확인함으로써 효율적인 머신러닝 운영을 돕는 디딤돌이 되어줄 것이다.

— 김진엽

Visa, Visa Consulting & Analytics, 이사

머신러닝을 실제 서비스에 효과적으로 도입/운용하는 데 꼭 필요한 MLOps의 개념과 법칙, 역할과 구성 요소를 모두 담고 있다.

— 김정민

집토스, CTO

지은이 **데이터이쿠**Dataiku

2013년에 설립된 데이터이쿠는 전 세계 450개 이상의 기업이 포괄적인 플랫폼을 이용해 AI와 분석 애플리케이션을 설계 · 설치 · 관리할 수 있도록 지원한다. 데이터이쿠는 'Everyday AI'를 통해 시장에서 승리할 수 있다는 신념을 바탕으로, 투명하고 반복 가능한 확장성 AI와 분석 프로그램의 구축을 목표로 한다. 다양한 기업이 데이터이쿠의 플랫폼을 활용해 필수 비즈니스 운영을 뒷받침하고 이상 거래 감지, 고객 이탈 방지, 예지 정비predictive maintenance, 공급망 최적화 촉진 모델을 활용하여 급변하는 세계에 대응하고 있다. 데이터이쿠 플랫폼은 분석가부터 데이터 과학자까지 모든 이들이 활용할 수 있으며 기업에서는 이 플랫폼을 활용해 기업의 민첩성과 대응 능력을 높일 수 있고 기업 조직 전반에 AI 확대를 추진할 수 있다.

>> **마크 트레베일**Mark Treveil_(3, 8장)

데이터이쿠의 파리 주재 제품 부서 소속이다. 이전에는 영국 지방 정부의 거버넌스 혁신을 선도하는 스타트업을 이끌었다. 그 기업은 지금도 여전히 업계를 선도하고 있다. 통신, 금융, 온라인 거래 등의 분야에서 다양한 제품을 설계하기도 했다.

>> **아드리앙 라보요트**Adrien Lavoillotte_(4장)

데이터이쿠의 엔지니어링 디렉터로서, 데이터이쿠 제품 내 머신러닝 및 통계 기능을 담당하는 팀을 이끌고 있다. 공학 중심 대학원인 ECE 파리에서 공부했고, 2015년에 데이터이쿠에 합류하기 전까지 다양한 스타트업에서 근무했다.

>> **요아힘 젠티치**Joachim Zentici_(5~6장)

데이터이쿠의 엔지니어링 디렉터이며, 에꼴 상트랄 파리Ecole Cetrale Paris(ECP)에서 응용수학을 전공하였다. 2014년 데이터이쿠에 입사하기 전까지 지멘스 헬스케어Siemens Healthcare와 인리아Inria에서 컴퓨터 비전 분야 연구자로 근무했다. 데이터이쿠에서는 핵심 인프라 담당 엔지니어 관리, 플러그인 및 에코시스템 담당 팀 구축, 고객 접점 엔지니어에 대한 글로벌 기술 교육 프로그램 총괄 등 다양한 업무를 수행하고 있다.

>> 뒤 판^{Du Phan}_(7장)

데이터이쿠의 머신러닝 엔지니어로서, 데이터 사이언스 확산 업무를 수행하고 있다. 지난 수년 간 지리 공간 분석부터 딥러닝에 이르기까지 다양한 데이터 문제를 다루었다. 현재는 MLOps 의 다양한 측면과 과제에 집중하고 있다.

>> 마코토 미야자키^{Makoto Miyazaki}_(10장)

데이터이쿠의 데이터 과학자로서, 데이터이쿠의 DSS를 활용하여 유럽과 미국에 거주하는 고 객에게 셀프 서비스 컨설팅 서비스를 제공하고 있다. 경제학 학사 학위와 데이터 사이언스 석 사 학위 소지자다. 이전에는 쓰나미 피해 지역의 경제 복구, 핵에너지와 같은 다양한 재해를 다 루는 금융 저널리스트였다.

>> 니콜라스 오몬트^{Nicolas Omont}_(11장)

아르틸리스^{Artelys}의 운영 부문 부사장으로 에너지 및 물류 분야에 대한 수학적 최적화 솔루션을 개발 중이다. 이전에는 데이터이쿠에서 머신러닝 및 고급 분석 영역 제품 관리자로 일했다. 컴 퓨터 사이언스 박사 학위 소지자로, 지난 15년간 주로 통신 및 에너지 유틸리티 분야에서 운영 연구 및 통계 영역 업무를 수행했다.

>> 클레망 스테낙^{Clément Stenac}

열정적인 소프트웨어 엔지니어이며 데이터이쿠의 CTO이자 공동 설립자다. 현재 데이터이쿠 의 DSS 엔터프라이즈 AI 플랫폼의 설계 및 개발을 총괄하고 있다. 이전에는 엑사리드^{Exalead}에 서 제품 개발 책임자로서, 웹 수준 대규모 검색 엔진 소프트웨어의 설계 및 구현을 주도했다. 또한 VideoLAN(VLC) 및 데비안 프로젝트의 전 개발자로서 오픈소스 소프트웨어에 대한 광 범위한 경험을 가지고 있다.

>> 켄지 르페버^{Kenji Lefevre}

데이터이쿠의 제품 총괄 부사장으로, 데이터이쿠의 DSS 엔터프라이즈 AI 플랫폼에 대한 제품 로드맵과 사용자 경험을 총괄한다. 파리 제7대학에서 순수 수학을 전공하여 박사 학위를 받았다. 데이터 사이언스 및 제품 관리 분야로 직업을 바꾸기 전까지는 다큐멘터리 영화 감독으로 일했다.

>> 린 하이드만^{Lynn Heidmann}

2008년 위스콘신–매디슨 대학교에서 언론/매스커뮤니케이션 및 인류학 학사 학위를 받은 후, 자신의 연구 및 저술에 대한 열정을 기술 세계에 쏟기로 결심했다. 샌프란시스코 베이 지역에서 7년간 구글^{Google} 및 나이안틱^{Niantic}의 저술 및 운영 업무를 수행하였다. 이후 파리에서 데이터이쿠의 콘텐츠 이니셔티브를 총괄하였다. 현재 데이터 및 AI 세계의 기술 동향과 발전을 확인하며 저술 활동을 이어가고 있다.

옮긴이 **동동구**

현재 전략 기획 업무를 수행하고 있다. 이전에는 B2C 및 B2B 웹 애플리케이션, Brew/WIPI/SKVM 등의 피처폰 애플리케이션, iOS/안드로이드/윈도우폰/타이젠 애플리케이션 등의 설계 및 개발, 엔지니어 관리 업무를 수행했다. 그 외 다양한 IT 서적에 대한 번역 활동을 하고 있다.

이제 데이터 사이언스와 AI는 기업 생존의 필수 요소가 되었다. IT뿐만 아니라 제조, 구매, SCM, 유통, 물류, 마케팅, 반도체, 자동차, 식품 등 전 산업 분야에 걸쳐 데이터 사이언스와 AI를 적용하지 않고는 경쟁에서 도태될 수밖에 없어, 모든 기업이 경쟁적으로 도입하려 하고 있다.

하지만 이러한 시도에서 추진한 AI 프로젝트의 50~85%가 실패하고 있다. 주요 실패 원인으로는 불명확한 비즈니스 목표, 부실한 데이터 품질, 조직 간 협력 부족, 뛰어난 인력 부족을 꼽을 수 있다.

불명확한 비즈니스 목표: 단지 유행이기 때문에, 혹은 뒤쳐지면 안 된다는 조급함 때문에 뛰어들어 비즈니스 목표를 설정하지 않고 단순 평가를 수행하면 실질적 결과를 얻을 수 없다.

부실한 데이터 품질: IT 혹은 데이터에 투자하지 않고 단지 AI나 머신러닝만 도입하려 한다면 근간이 되는 데이터가 없어 분석이나 모델 구축이 불가능하기 때문에 프로젝트를 종료할 수 없다.

조직 간 협력 부족: 데이터 과학자가 모든 것을 해결할 수 있다고 포장하거나 비즈니스 담당자가 명확한 커뮤니케이션 없이 수의 계약 형태로 일을 진행하도록 맡겨두기만 해서는 마찬가지로 프로젝트를 종료할 수 없다.

뛰어난 인력 부족: AI 프로젝트가 운영화에 도달하고 지속적으로 운영을 수행할 수 있으려면 비즈니스 담당자가 데이터 분석과 AI를 이해할 수 있도록 지원해야 한다. 그러려면 다양한 실험을 수행하고 방향을 제시할 수 있는 뛰어난 데이터 과학자를 고용해야 하는데, 이러한 인력이 없는 경우 허술한 결과를 내고 조직에 불신만 심어주어 다시는 AI 프로젝트를 시도할 수 없게 될 것이다.

이 책에서 소개하는 MLOps는 이 중 몇 가지 원인에 대한 해결 방안을 제시한다. MLOps를 만병통치약처럼 과장할 필요도 없지만 마케팅 차원의 일시적 유행으로 치부해서도 안 된다. MLOps는 기업이 데이터 사이언스와 AI를 더 성공적으로 도입할 수 있는 실질적 방법론이 될 수 있다.

서문

머신러닝^{Machine Learning} 기술은 이론과 학문의 영역에서 '현실 세계'의 영역으로 이동하는 전환점에 이르렀다. 전 세계의 모든 서비스와 제품에 머신러닝 기술을 적용해보려는 시도가 이어지고 있다. 이러한 변화가 흥미롭기는 하지만, 머신러닝 모델의 복잡한 특성과 현대적인 조직의 복잡한 구조를 조합하는 대단히 도전적인 과제다.

조직이 머신러닝을 실험실 수준에서 상용 환경으로 확대 적용할 때 겪는 어려움 중 하나는 유지보수다. 기업은 하나의 모델만 다루던 환경에서 수십, 수백 혹은 수천 개의 모델을 다루는 환경으로 어떻게 전환할 수 있을까? 바로 이 지점에서 앞서 언급한 기술적인 복잡성과 비즈니스적 복잡성이 드러나고, MLOps가 필요하다.

이 책에서는 독자들에게 MLOps의 당면 과제를 소개하고, MLOps 역량을 개발하기 위한 실질적인 통찰과 해결책을 제공하도록 하겠다.

이 책의 대상 독자

이 책은 상용 환경에서 머신러닝 적용 실무를 담당하는 데이터 분석 팀 혹은 IT 운영 팀의 관리자들을 대상으로 한다. MLOps가 새로운 영역이라는 점을 감안하여 조직적 이슈부터 기술적 이슈까지 모두 다루어 MLOps 환경을 성공적으로 구축하기 위한 가이드로 삼을 수 있도록 하였다.

이 책의 구성

이 책은 크게 3부로 구성되어 있다.

1부: MLOps 개념과 필요성

2부: MLOps 적용 방법

3부: MLOps 실제 사례

서문

1부에서는 MLOps라는 주제를 전반적으로 소개한다. MLOps가 어떻게 그리고 어떤 이유에서 원칙^{discipline}이 되었는지, MLOps를 성공적으로 실행하려면 어떤 사람들이 MLOps에 참여해야 하는지, 그리고 어떤 구성 요소가 있는지를 설명하였다.

2부는 머신러닝 모델 생애주기에 맞춰 모델 개발, 상용화 준비, 상용 환경 배포, 모니터링과 피드백 루프, 모델 거버넌스^{Governance} 등의 순서로 구성하였다. 각 장에서는 일반적인 고려 사항과 함께 MLOps 관련 고려 사항을 다루었다. 특히, 1부 3장에서 가볍게 소개한 주제들을 상세하게 설명한다.

3부에서는 오늘날 기업에서 운영하는 MLOps의 모습에 대한 실질적 예시를 제공하여, 독자들이 실제 구축 형태와 그 의미를 이해할 수 있도록 하였다. 등장하는 회사명은 모두 가명이지만, 모든 사례는 실제 기업에서 MLOps와 모델 관리에 대해 겪고 있는 경험을 바탕으로 구성하였다.

감사의 말

이 책을 쓰는 동안 초안부터 완성에 이르기까지 지원을 아끼지 않은 데이터이쿠에 감사드린다. 책 집필은 팀 활동의 결실이며, 수많은 사람과 팀들 간의 근본적인 협력에 기반하였다.

이 책을 쓰기 시작할 때부터 저자들의 비전을 지원해주신 모든 분에게 감사드린다. 또한 집필과 편집에 도움을 주신 분들께도 감사드린다. 계속해서 책을 쓰도록 압박을 준, 너무나 솔직한 피드백을 주신 분들께도 감사드린다. 가까이서 응원해주신 분들과 세상에 책을 알리는 데 도움을 주신 분들께도 감사드린다.

CONTENTS

PART 1 MLOps 개념과 필요성

CHAPTER 1 왜 지금이고 도전 과제는 무엇인가

CHAPTER 2 MLOps 이해관계자들

CHAPTER 3 MLOps의 핵심 기능

CONTENTS

CHAPTER 6 상용 배포

CONTENTS

PART 3 MLOps 실제 사례

CHAPTER 9 소비자 신용 리스크 관리

CHAPTER 10 마케팅 추천 엔진

CONTENTS

CHAPTER **11** 소비 예측

MLOps 개념과 필요성

PART 1

MLOps 개념과 필요성

왜 지금이고 도전 과제는 무엇인가

머신러닝 운영Machine Learning Operations(MLOps, 이하 동일)은 기업의 성공적인 데이터 사이언스 프로젝트에서 필수 요소가 되어가고 있다. 즉, 조직과 비즈니스 리더들이 장기적 가치를 창출하고 데이터 사이언스, 머신러닝 및 AI를 주도할 때 리스크Risk를 제거하는 데 도움이 되는 프로세스다. MLOps가 다소 새로운 개념임에도 불구하고 데이터 사이언스의 대표 어휘 중 하나로 간주되어 큰 관심을 받고 있는 이유는 무엇인가? 이번 장에서 MLOps의 추상적 개념과 도전 과제, 기업의 성공적 데이터 사이언스 전략에서 MLOps가 핵심인 이유를 알아보고, 가장 중요한 내용으로서 최근에 MLOps가 뜨겁게 부상한 이유에 대해 살펴보겠다.

MLOps, ModelOps, AIOps

MLOps(혹은 ModelOps)는 다소 새로운 원칙discipline으로서, 2018년 후반부터 2019년 사이에 부각되기 시작하였다. 이 책을 쓰는 시점에 두 용어 MLOps와 ModelOps가 많은 경우 같은 의미로 사용되고 있다. 하지만 일부의 주장에 따르면 ModelOps는 머신러닝 모델뿐만 아니라 다른 종류의 모델(예를 들면, 룰 기반 모델)도 포함하므로 MLOps보다 더 포괄적이다. 이 책은 머신러닝 모델의 생애주기를 다루므로 'MLOps'라는 용어를 사용하겠다.

AIOps는 때로 MLOps와 혼동될 수 있으나 완전히 다른 주제다. AIOps는 인공지능Artificial Intelligence을 활용하여 운영상의 다양한 도전 과제를 해결하는 절차다. 즉, DevOps를 위한 AI로, 예를 들면 네트워크 장애가 발생하기 전에 DevOps 팀에 발생 가능성을 미리 주지시키는 네트워크 장애 예측 점검이 있다. AIOps는 상당히 중요하고 흥미로운 주제이지만 이 책의 범위를 벗어나므로 다루지 않는다.

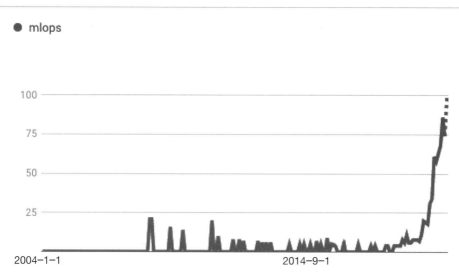

● mlops

100

75

50

25

2004-1-1   2014-9-1

그림 1-1 MLOps의 급격한 성장('ModelOps' 개념 미포함)

1.1 MLOps와 도전 과제 정의하기

MLOps의 핵심은 머신러닝 모델 생애주기 관리의 표준화 및 간소화다(그림 1-2). 그런데 왜 머신러닝 모델 생애주기를 간소화해야 할까? 비즈니스 요구사항에서 머신러닝 모델의 개발 과정을 대략 살펴보기만 해도 그 이유를 명확히 알 수 있다.

대부분의 전통적 조직에서 여러 머신러닝 모델의 개발과 그 모델들의 상용 환경 배포는 비교적 새로운 업무에 속한다. 최근까지만 해도 적은 수의 모델만 관리 가능했고, 전사 차원에서는 모델들과 비즈니스 연관도에 대해 이해하는 일에 관심이 거의 없었다. 그런데 의사결정을 자동화하기 시작하면서(의사결정 자동화를 도입하는 기업이 늘어나고 있다) 모델은 기업 전략의 핵심 사항 중 하나가 되었고 그와 동시에 모델 리스크 관리가 중요한 과제 중 하나가 되었다.

기업 환경에서 머신러닝 모델 생애주기의 현실은 요구사항과 활용 도구 측면에서 보면 매우 복잡하다(그림 1-3).

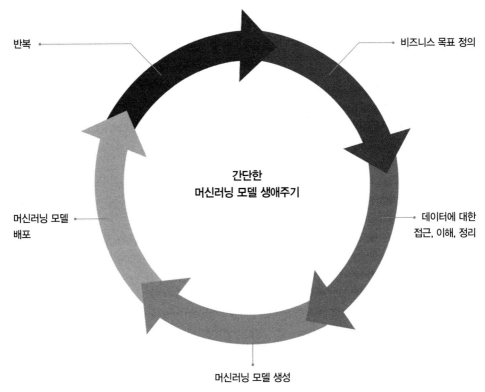

그림 1-2 머신러닝 모델 생애주기에 대한 간략한 표현: [그림 1-3]에 비해 MLOps의 필요성이 잘 드러나지 않는다.

머신러닝 모델 생애주기를 규모 있게 관리하기 어려운 세 가지 주요 이유는 다음과 같다.

- **많은 의존성:** 데이터는 지속적으로 변화하고, 비즈니스 요구사항도 변경된다. 모델의 결과를 지속적으로 비즈니스에 반영하여, 상용 배포한 모델과 실제 데이터가 요구사항에 부합하도록 하면서 동시에 원래의 문제를 해결하거나 원래의 목표를 달성하도록 해야 한다.

- **동일한 언어를 사용하지 않는 이해관계자들:** 머신러닝 모델 생애주기에는 사업 담당자, 데이터 과학자, IT 개발/운영 팀이 모두 관련되어 있지만, 대부분의 경우 상호 소통의 기준이 될 수 있는 동일한 도구 사용이나 기반 기술 공유가 이루어지지 않는다.

- **소프트웨어 개발을 모르는 데이터 과학자:** 대부분의 데이터 과학자는 모델 구축 혹은 평가에 특화된 전문적 지식과 경력을 가지고 있으며, 애플리케이션 작성에는 능숙하지 않다. 시간이 흐름에 따라 일부 데이터 과학자는 모델 배포나 운영에 능숙해지기도 하지만, 상당수 데이터 과학자들은 여러 가지 역할을 맡게 되면 그 어떤 것도 완전하게 수행하지 못한다. 이렇게 제한된 업무만 수행하는 데이터 과학자들은 운영해야 하는 모델이 늘어날수록 더 심각한 문제에 봉착한다. 그렇다고 데이터 팀의 구성원을 순환 배치하면 문제는 더 복잡해져서, 어느 순간 데이터 과학자들은 자신이 만들지 않은 모델을 관리해야 하는 상황에 직면하게 된다.

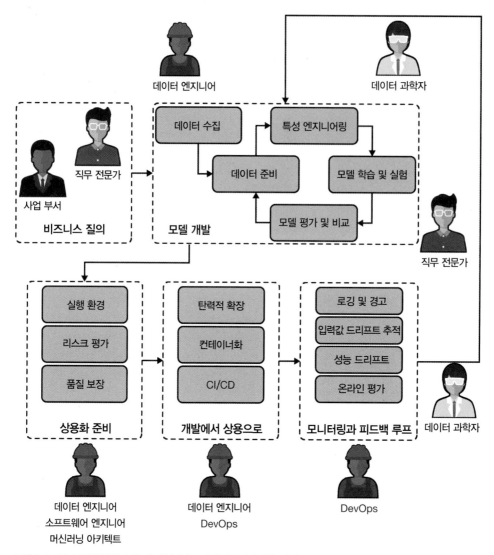

데이터 엔지니어

데이터 과학자

직무 전문가

사업 부서

비즈니스 질의

데이터 수집

데이터 준비

특성 엔지니어링

모델 학습 및 실험

모델 평가 및 비교

모델 개발

직무 전문가

실행 환경

리스크 평가

품질 보장

상용화 준비

탄력적 확장

컨테이너화

CI/CD

개발에서 상용으로

로깅 및 경고

입력값 드리프트 추적

성능 드리프트

온라인 평가

모니터링과 피드백 루프

데이터 과학자

데이터 엔지니어
소프트웨어 엔지니어
머신러닝 아키텍트

데이터 엔지니어
DevOps

DevOps

그림 1-3 오늘날 일반적인 조직 내 머신러닝 모델 생애주기에 대한 사실적 도식화: 완전히 다른 기술과 완전히 다른 도구를 사용하는 다양한 사람들이 참여한다.

MLOps라는 이름과 개념이 익숙하다고 느낄 수 있는데, 그 이유는 MLOps의 많은 부분을 DevOps의 개념에서 차용했기 때문이다. DevOps는 소프트웨어 변경 및 갱신 작업을 간소화하는 과정이기도 하다. MLOps와 DevOps에는 상당한 공통점이 있는데, 예를 들면 다음과 같다.

- 팀들을 이어주는 견고한 자동화와 신뢰

- 팀 간 협업과 의사소통 강화에 대한 아이디어
- 서비스 생애주기의 처음부터 끝까지 개발(build), 테스트(test), 출시(release)
- 지속적 전달(Continuous Delivery, CD)과 품질 검증 간의 우선순위 조정

하지만 MLOps와 DevOps 사이에는 결정적인 차이점이 하나 있어서 DevOps 담당자를 데이터 사이언스 팀으로 즉시 전환 배치할 수 없다. 소프트웨어 코드를 상용 배포하는 것과 머신러닝 모델을 상용 배포하는 것은 근본적인 부분에서 차이가 있다. 소프트웨어 코드는 비교적 정적이지만(최근 SaaS^{Software-as-a-Service} 회사에서는 DevOps 팀에서 하루에도 몇 번씩 빠르고 반복적으로 배포하기 때문에 '비교적'이라는 표현을 썼다), 데이터는 항상 변화한다. 즉, 머신러닝 모델은 지속적으로(물론 일시적인 경우도 있기는 하다) 학습하고 새로운 입력에 적응한다. 이처럼 머신러닝 모델이 코드와 데이터를 모두 포함한다는 점을 비롯한 여러 환경적 복잡성으로 인해 MLOps는 새롭고 독특한 원칙이 되었다.

DataOps는 어떤가?

DevOps에 비해 MLOps가 복잡하다는 비교에서 한발 더 나아가, 2014년 IBM이 소개한 DataOps를 살펴보자. DataOps는 빠르게 활용 가능한, 비즈니스에 적합한 데이터를 찾는 방법론으로 데이터 품질과 메타데이터 관리에 초점을 맞추고 있다. 예를 들어, 모델이 의존하는 데이터에 갑작스러운 변경이 생기면, DataOps 시스템은 사업 담당 팀에 알려 데이터에서 얻는 최신 통찰^{Insight}을 더 주의 깊게 활용하도록 한다. 또한 데이터 팀에도 알려 변경 내용을 조사하거나 라이브러리 업그레이드를 되돌리고 관련 부분을 재개발할 수 있도록 한다.

즉, MLOps는 DataOps와 일부 겹치는 부분이 있을 수 있지만 MLOps가 더 깊은 부분까지 다룬다. 또한 MLOps에는 추가된 핵심 기능들이 있어 더욱 견고하다. 이와 관련한 상세한 내용은 3장에서 다룬다.

DevOps나 DataOps에서 있었던 사례들과 마찬가지로, 최근까지 데이터 사이언스 팀들은 사업적 기준에서 볼 때 다수의 머신러닝 모델을 상용 배포할 필요가 없었기 때문에 프로세스를 정의하고 관리하지 않아도 되었다. 하지만 이제 상황이 크게 바뀌고 있다. 지금은 다수의 머신러닝 모델을 상용 배포하기 위해, 여러 단계 및 형태로 이루어진 데다 너무 많은 규칙을 포함하고 있는 프로세스를 표준화해야 한다. 이를 위해 데이터 사이언스 팀들은 MLOps 성공 사례를 기반으로 구축된 프레임워크를 활용하는 시도를 하고 있다. 이 책의 2부인 'MLOps 적용 방법'에서 이에 관한 내용을 다루겠다.

1.2 리스크를 경감하기 위한 MLOps

상용 배포한 모델이 하나밖에 없는 팀이라 해도 MLOps는 매우 중요하다. 왜냐하면 모델에 따라 정도의 차이는 있더라도 지속적인 성능 모니터링과 조정이 운영에 필수적인데, MLOps가 바로 이러한 것들을 안전하고 신뢰할 수 있게 수행하도록 보장해주고 머신러닝 모델 활용으로 인한 리스크를 경감해주기 때문이다. 하지만 MLOps 실천 사례를 실현하기 위해서는 비용이 필요하므로, 실천 사례별로 비용 대비 효용성 평가를 수행해야 한다.

1.2.1 리스크 평가

머신러닝 모델의 리스크는 매우 다양하다. 예를 들어 고객에게 마케팅 혜택을 한 달에 한 번 추천하는 추천엔진의 리스크는 여행 사이트의 가격과 매출을 책임지는 머신러닝 모델의 리스크보다 낮다. 따라서 MLOps를 리스크를 경감하기 위한 방안으로써 검토할 때 아래와 같은 사항을 분석해야 한다.

- 특정 기간 동안 모델을 사용할 수 없는 리스크
- 특정 표본에 대해 잘못된 예측을 반환하는 리스크
- 시간이 지남에 따라 모델 정확도나 공정성이 떨어지는 리스크
- 모델을 유지보수하기 위한 기술(즉, 데이터 사이언스 관련 인재)이 손실될 리스크

광범위하게 배포되고 조직 외부에서도 사용되는 모델이라면 리스크가 더 크다. [그림 1-4]에서 볼 수 있듯이 리스크 평가Risk Assessment의 기준은 보통 두 가지로서, 리스크의 발생 확률probability과 영향도impact다. 이 두 가지 조합이 바로 리스크의 심각도severity로서, 리스크 경감mitigation 수준을 측정할 때도 이 두 가지를 조합하여 사용한다. 모델을 초기에 의도한 바와 다르게 사용할 수도 있기 때문에 리스크 평가는 프로젝트를 시작할 때뿐만 아니라 정기적으로 수행해야 한다.

5×5 리스크 매트릭스

발생 확률	매우 낮음	낮음	중간	높음	매우 높음
가능성 매우 높음	5 보통	10 중대	15 중대	20 심각	25 심각
가능성 높음	4 보통	8 보통	12 중대	16 중대	20 심각
가능함	3 가벼움	6 보통	9 보통	12 중대	15 중대
가능성 낮음	2 가벼움	4 보통	6 보통	8 보통	10 중대
드묾	1 가벼움	2 가벼움	3 가벼움	5 보통	6 보통
	매우 낮음	낮음	중간	높음	매우 높음

영향도

그림 1-4 의사결정자에게 정량적 리스크 분석을 지원하는 표

1.2.2 리스크 경감

중앙 통제 팀(내부 활동을 통합적으로 리포팅하는 팀을 뜻하며, 기업 내에 이러한 팀이 하나가 아닌 여럿이 있을 수 있다)에서 다수의 모델을 운영하는 경우 MLOps를 활용하면 리스크 경감에 필수적인 척도들을 특히 더 잘 확인할 수 있다. 즉, 적절한 리스크 경감 방안을 선택할 수 있도록 표준화해야만 여러 모델의 상태를 전체적으로 관찰할 수 있다. 이와 관련한 상세한 내용은 8.2절에서 다룬다.

여러가지 이유로 MLOps 인프라 없이 머신러닝 모델을 상용 환경에 바로 배포하는 것이 위험하기는 하지만, 머신러닝 모델의 성능을 상용 환경에서만 평가할 수 있는 경우가 많다. 왜 그럴까? 예측Prediction 모델은 학습한 데이터의 품질이 곧 모델의 품질이기 때문이다. 즉, 학습 데이터가 상용 환경을 충분히 반영하지 않았다면 모델은 상용 환경에서 좋은 성능을 보일 수 없다. 또한 상용 환경이 바뀌면 모델의 성능이 급격히 저하되는 경우도 많다. 이와 관련한 상세한 내용은 5장에서 다룬다.

또 다른 주요한 리스크 요소는 머신러닝 모델의 성능이 작동 중인 상용 환경에 대단히 민감하게 영향을 받는다는 점으로, 소프트웨어나 운영체계의 버전도 상용 환경의 요소에 해당한다. 전통적인 소프트웨어 개발 관점에서 보자면, 머신러닝 모델은 사람이 직접 작성하지 않고 기계가 생성하기 때문에 버그가 있을 가능성이 현저히 떨어진다. 대신 모델들을 다수의 오픈소스 소프트웨어(예를 들면, scikit-learn, Python, Linux) 기반으로 개발하기 때문에, 소프트웨어 버전을 모델이 작동할 상용 환경 및 모델을 검증한 환경과 동일하도록 맞추는 작업은 대단히 중요하다.

결국, 모델을 상용 환경에 배포하는 작업은 머신러닝 모델 생애주기의 최종 단계는 아니다. 단지 성능과 정상 작동 여부를 확인하는 시작점이 될 뿐이다. 더 많은 데이터 과학자가 더 많은 머신러닝 모델을 상용 환경에 배포할수록, MLOps는 비즈니스에 치명적일 수 있는 잠재적 리스크를 줄이는 데 더 필수적인 요소가 된다. 모델이 조직 내에서 얼마나 광범위하게 사용되는지 정확하게 확인하기 위해서는 MLOps를 기반으로 한 모니터링이 필수적이다.

1.2.3 책임 있는 AI를 위한 MLOps

머신러닝의 책임 있는Responsible 사용(일반적으로 책임 있는 AI로 불린다)이라는 주제에는 두 가지 영역이 있다.

의도Intentionality

모델이 목적에 맞게 설계되고 작동하도록 보장하는 것을 의미한다. 여기에는 AI 프로젝트에서 사용하는 데이터를 적법하고 편파적이지 않은 출처에서 제공함을 보장하는 것과 모델의 잠재적 편향성을 다양하게 검토하고 보정하기 위해 AI 프로젝트를 협력적으로 수행하는 것을 포함한다. 또한 설명 가능성Explainability이란 속성을 포함함으로써 AI 시스템의 결과물을 인간이 설명할 수 있도록 해야 한다. 이상적으로는 시스템을 제작한 사람뿐 아니라 그 외의 사람들도 설명할 수 있어야 한다.

책무Accountability

기업 내 모든 AI 업무에 대한 중앙 통제 및 관리, 감사를 의미한다. 즉, 비승인 정보기술Shadow IT(https://oreil.ly/2k0G2)는 금지다! 책무란 어느 팀이 어떤 데이터를 어떻게 어느 모델에서 사용하는지를 전반적으로 파악하는 것이다. 또한 데이터에 대해 신뢰할 수 있고 규정에 따라 수집된다고 보장하는 것이다. 그리고 어느 모델이 어떤 비즈니스 프로세스에서 사용되는가를 중앙 집중식으로 이해하는 것이다. 이는 추적성Traceability과 밀접한 연관이 있다. 즉, 무언가 잘못되었을 때, 파이프라인의 어느 지점에서 발생하는지 쉽게 찾을 수 있어야 한다.

이 두 가지 원칙이 명확해 보일 수 있지만, 머신러닝 모델은 전통적인 명령형 코드에 비해서는 투명성이 부족하다는 점을 감안해야 한다. 풀어서 얘기하자면, 예측 결과를 결정하는 데 사용하는 특성들features이 무엇인지 파악하기가 대단히 어렵다. 따라서 모델이 준수해야 하는 규제나 내부 규정에 적합하다고 입증하기도 대단히 어렵다.

이러한 이유로 머신러닝 모델에 대한 자동화를 실제로 도입할 때 책무Accountability를 지는 역할은 조직의 하위에서 상위로 이동한다. 즉, 과거에는 각각의 업무 담당자가 내리던 결정(예를 들면, 상품 가격을 결정한다든가 누군가에게 대출을 진행해도 될지 결정하는 것)을 모델이 내리고, 이 결정에 대한 책임은 데이터 팀의 관리자 혹은 임원이 져야 한다. 이 때문에 책임 있는 AI의 개념은 더욱 전면으로 부각된다.

이러한 도전 과제 및 원칙과 이전에 논의했던 리스크를 고려하면, MLOps와 책임 있는 AI 간의 상호작용은 당연한 일이다. MLOps 원칙을 준수해야 책임 있는 AI를 실행할 수 있고, 책임 있는 AI에는 MLOps 전략이 필요하다. 이 주제가 상당히 중요하기 때문에 이 책에서는 여러 차례 이에 대해 다룰 것이다. 즉, 머신러닝 모델의 생애주기 내에서 단계별로 어떻게 해야 하는지 확인할 것이다.

1.3 확장을 위한 MLOps

MLOps가 중요한 이유는 상용 환경에서 머신러닝 모델의 리스크를 경감할 뿐만 아니라, 머신러닝 모델을 대량으로 배포하는 데 필수적이기 때문이다(즉, 비용을 효율화할 수 있다). 모델을 하나에서 수십으로, 수십에서 수백으로, 수백에서 수천 이상으로 늘리려면 MLOps 원칙이 반드시 필요하다.

다음은 최소한의 MLOps 실천 사례로서 팀에 도움이 될 것이다.

- 버전을 추적하고, 특히 설계 단계에서는 실험을 함께 수행하라.

- 다시 학습한 모델이 이전 버전보다 나은지 여부를 확인하라. 그리고 더 나은 모델을 상용에 배포하라.
- 모델 성능이 상용 환경에서 저하되지 않도록 하라. 매일 혹은 매월 정기적으로 확인하라.

1.4 마치며

MLOps의 핵심 기능은 3장에서 상세히 다룬다. 이번 장의 핵심은 앞에서 언급한 실천 사례들이 선택 사항이 아니라는 점이다. 데이터 사이언스와 머신러닝을 엔터프라이즈 수준까지 효율적으로 확대하기 위해 필수적일 뿐만 아니라 비즈니스를 위험에 빠뜨리지 않기 위해서도 필수적이다. 적절한 MLOps 실천 사례를 갖추지 않고 데이터 사이언스를 적용한다면, 모델의 품질과 지속성에 문제가 발생할 것이다. 혹은 비즈니스에 실제로 부정적인 결과를 일으키는 모델(예를 들어, 회사의 의사결정을 왜곡하는 예측을 하는 모델)을 도입하게 될 수도 있다.

또한 조직의 상위에서 볼 때 MLOps는 머신러닝에 대한 투명한 전략에 있어 핵심적이다. 데이터 과학자뿐만 아니라 상위 관리자와 C레벨 임원도 어떤 머신러닝 모델이 상용 환경에 배포되어 있고 비즈니스에 어떤 영향을 미치는지 이해해야 한다. 또한 머신러닝 모델 이면의 전체 데이터 파이프라인을 이해할 수 있는 능력도 반드시 갖추어야 한다(즉, 미가공/원시 데이터부터 최종 결과까지 전 단계를 모두 파악하고 있어야 함을 뜻한다). MLOps를 활용하면 이러한 수준의 투명성과 책무를 확보할 수 있다.

CHAPTER 2

MLOps 이해관계자들

머신러닝 모델을 처음 만드는 이는 데이터 과학자들이지만, 견고한 MLOps 프로세스와 시스템이 그들에게만 필요한 것은 아니다. MLOps는 엔터프라이즈 AI 전략의 핵심이며, 머신러닝 모델 생애주기를 활용하고 이용하는 모든 사람에게 영향을 끼친다.

이번 장에서는 머신러닝 모델 생애주기 내에서 사람들이 맡는 역할과 역할별로 MLOps에 요구하는 것에 대해 다루겠다. 이상적으로 보면, 각 역할을 담당하는 사람들이 최고의 MLOps 프로그램을 활용하여 서로 연결되고 협력해 머신러닝 작업에서 최상의 결과를 얻을 수 있어야 한다.

이 분야는 계속해서 진화하고 있어, [표 2-1]에 포함되지 않은 역할이나 MLOps로 처리해야 하는 새로운 도전 과제 혹은 대체 과제가 있을 수 있다. 상세하게 확인하기 전에 개괄적인 내용을 아래 표에서 살펴보자.

표 2-1 MLOps 관련 역할과 요구사항

역할	머신러닝 모델 생애주기 내의 역할	MLOps 요구사항
직무 전문가 SME(Subject Matter Expert)	· 머신러닝 모델이 다뤄야 하는 비즈니스 질의, 목표 혹은 KPI 제안 · 모델 성능이 최초의 요구사항에 적합하도록 혹은 요구사항을 해결하도록 지속적으로 평가 및 검증	· 비즈니스 측면에서, 모델 성능을 쉽게 이해할 수 있는 방법 · 비즈니스 요구사항에 맞지 않는 모델의 결과를 표시하기 위한 도구 혹은 피드백 루프(Feedback Loop)

데이터 과학자	· 직무 전문가가 제기한 비즈니스 질의 혹은 요구사항을 해결하는 모델 구축 · 상용 환경에서 상용 데이터로 작동할 수 있게 운영 가능한 모델 제공 · 직무 전문가와 협력하여, 최초의 모델 및 이후의 테스트 모델들 품질이 최초의 비즈니스 질의 혹은 요구사항에 적합한지 평가	· 상용 배포를 빠르고 쉽고 안전하게 수행할 수 있는 자동화된 패키징 및 상용 배포 기능 · 배포한 모델의 품질을 판단하고 지속적으로 개선하기 위한 테스트를 개발하는 기능 · 하나의 중앙 집중화된 위치에서 배포된 모든 모델의 성능을 확인할 수 있는 가시성 (테스트 간 결과 비교 포함) · 모델의 최초 구축자가 누구든 상관없이 빠르게 측정하고 조정할 수 있는, 각 모델의 데이터 파이프라인 조사 기능
데이터 엔지니어	· 머신러닝 모델에 공급하는 데이터의 취합(Retrieval) 및 사용(Use) 최적화	· 배포된 모든 모델의 성능을 확인할 수 있는 가시성 · 데이터 파이프라인의 이슈를 해결하기 위해 개별 파이프라인에 대한 세부 사항을 확인할 수 있는 기능
소프트웨어 엔지니어	· 머신러닝 모델을 회사의 애플리케이션 및 시스템에 통합 · 머신러닝 모델이 비머신러닝 기반 애플리케이션과 원활히 작동하도록 보장	· 버전 관리 및 자동화된 테스트 · 동일 애플리케이션에 대한 동시 작업 지원
DevOps	· 운영체제를 관리하고 개발하며, 보안/성능/가용성 관련 테스트 수행 · 지속적 통합(Continuous Integration, CI)/지속적 전달(Continuous Delivery, CD) 파이프라인 관리	· 기업에서 더 높은 단계의 DevOps 전략에 원활히 통합할 수 있는 MLOps · 끊김 없는 배포 파이프라인
모델 리스크 관리자/ 감리인	· 상용 배포한 머신러닝 모델들에 의한 전체 리스크 최소화 · 머신러닝 모델을 상용 배포하기 전에 내/외부 요구사항을 준수했는지 검증	· 현재 혹은 지금까지 상용 배포된 모든 모델과 데이터 출처까지 포함하는 데이터 파이프라인 전체에 대한 견고하고 자동화된 리포팅 도구
머신러닝 아키텍트	· 설계부터 개발 및 모니터링까지 포함하는 확장 가능하고 유연한 머신러닝 모델 파이프라인 환경 확보 · 상용 환경에서 머신러닝 모델의 성능을 개선할 수 있는 새로운 기술 도입	· 모델들과 모델들의 자원 소모에 대한 고수준의 개괄적 현황 확인 기능 · 인프라 환경을 검증하고 조정하기 위한 데이터 파이프라인들의 세부 사항 확인 기능

2.1 직무 전문가

MLOps의 첫 번째 관련자는 직무 전문가Subject Matter Expert(SME)다. 머신러닝 모델은 결국 이들과 함께 시작되고 종료된다. 데이터에 기반한 역할을 수행하는 관련자들(데이터 과학자, 엔지니어, 아키텍트 등)은 여러 영역에 있어 전문적이지만, 머신러닝을 활용하여 해결해야 하는 비즈니스나 과제, 질의에 대한 깊은 이해도는 떨어진다.

직무 전문가는 달성해야 하거나 해결해야 하는 명확한 목표, 비즈니스 질의, KPIKey Performance Indicator를 제시할 수 있어야 한다. 어떤 경우에는 매우 상세하게 정의해야 한다(예를 들어, "이번 분기의 수치를 달성하기 위해서 고객 이탈률을 10% 줄여야 한다." 혹은 "예상 밖의 운영 시간으로 인해 분기 단위로 N달러의 손해가 발생 중이다. 더 정확히 예측하려면 어떻게 해야 하는가?"). 때로는 대략적인 수준으로 정의하기도 한다(예를 들어, "더 많은 상품을 팔기 위해 우리 서비스 스태프는 고객을 더 잘 이해해야 한다." 혹은 "어떻게 사람들이 더 많은 위젯을 구매하도록 할 것인가?").

올바른 프로세스를 갖춘 조직이라 해도, 아주 상세한 비즈니스 질의로 머신러닝 모델 생애주기의 관리를 시작해야만 하거나 이상적인 목표로 삼아야 하는 것은 아니다. 덜 상세한 비즈니스 목표로 시작할 때 오히려 직무 전문가들이 데이터 과학자들과 함께 데이터 탐색Exploration이나 모델 실험에 앞서 문제를 정의하고, 가능한 해결 방안을 브레인스토밍하기 좋을 수 있다.

직무 전문가가 머신러닝 모델 생애주기를 시작하지 않는다면, 다른 데이터 전문가들(특히 데이터 과학자)이 더 큰 비즈니스 목표와 상관없이 머신러닝 모델 생애주기를 시작하는 리스크가 생길 수 있다. 결과적으로 이러한 방향은 직무 전문가와 데이터 과학자 및 다른 데이터 전문가 간의 문제 해결을 위한 협업에 도움이 되지 않을 뿐만 아니라, 더 큰 가치를 제공하기 위해 노력하고 있을 데이터 과학자 본인들에게도 해롭다.

머신러닝 모델 생애주기에 직무 전문가가 관여하지 않을 때 생기는 또 다른 부정적 영향도 있다. 데이터 팀이 실질적인 비즈니스 결과를 도출해내지 못한 채, 고급 분석 프로젝트를 지속하기 위한 관심이나 추가 예산 및 지원을 얻기 위해 고군분투하게 된다는 것이다. 이는 결국 데이터 팀, 직무 전문가, 비즈니스 전체에 나쁜 영향을 끼치게 된다.

직무 전문가의 참여를 더욱 구조화하기 위해, 비즈니스 의사결정 모델링 방법론을 적용하여 해결해야 할 비즈니스 문제를 정규화하고 머신러닝의 역할을 견고하게 정의할 수도 있다.

비즈니스 의사결정 모델링

비즈니스 의사결정 모델링Business Decision Modeling은 의사결정 프로세스에 대한 비즈니스 관점의 청사진Business Blueprint을 생성한다. 따라서 직무 전문가들이 자신들의 요구사항을 직접 구조화하고 서술하는 데 도움을 받을 수 있다. 또한 비즈니스 의사결정 모델은 머신러닝을 직무 전문가의 관점에 맞춰준다. 즉, 모델을 비즈니스 규칙과 통합하거나, 직무 전문가가 의사결정의 흐름이나 모델 변경의 잠재적 영향도를 완전히 이해하는 데 도움이 된다.

MLOps 전략에 직무 전문가를 위한 비즈니스 의사결정 모델링 요소를 포함하면, 실제 업무에서 연관된 머신러닝 모델의 작동 방식을 깊이 이해하지 않고도 머신러닝 모델이 생성하는 결과물을 어느 정도 이해하는 데 도움이 된다.[1]

직무 전문가는 머신러닝 모델 생애주기 중 시작점뿐 아니라 종료 시점(배포 이후)에도 필요하다. 데이터 과학자가 머신러닝 모델의 성능이 적절한지, 기대한 대로 작동하는지 확인하기 위해 직무 전문가와 협력해야만 반복적인 피드백 단계를 수행할 수 있을 때도 있기 때문이다. 전통적인 지표(정확도Accuracy, 정밀도Precision, 재현율Recall)로는 평가하기 어려운 경우다.

예를 들어, 데이터 과학자가 상용 환경에서 매우 높은 정확도를 보이는 간단한 고객 이탈 예측 모델을 구축했다고 하자. 그런데 모델을 활용하여 마케팅을 수행하였으나 모델이 예측한 고객 이탈을 방지할 수 없었다. 이런 경우 비즈니스 관점에서 판단하자면 모델이 작동하지 않은 것이다. 이는 아주 중요한 정보로서, 다른 방안을 모색하고 머신러닝 모델을 재구축해야 한다는 것을 의미한다. 이 정보를 받아들이고 마케팅 메시지가 효과를 보이는 잠재적 이탈자를 타기팅하도록 모델을 재구축하여 마케팅을 수행할 수 있다.

머신러닝 모델 생애주기 내에서 직무 전문가의 역할을 고려하여, MLOps 프로세스를 구축할 때 상용 배포된 모델의 성능을 비즈니스 측면에서 쉽게 이해할 수 있는 기능도 포함해야 한다. 풀어서 얘기하자면, 직무 전문가는 단지 모델 정확도, 정밀도, 재현율뿐만 아니라, 비즈니스 프로세스에 모델이 전달하는 결과나 미치는 영향도 사전에 확인해야 한다. 거기에 더해, 성능에 예기치 못한 변화가 있는 경우, 직무 전문가는 비즈니스 요건에 맞지 않는 모델의 결과를 판별할 확장성 있는 수단이 필요할 수 있다.

---

1 의사결정 요구사항 모델은 의사결정 모델 및 표기법(Decision Model and Notation)에 기반을 두고 있다. 의사결정 모델 및 표기법은 프로세스를 향상시키고, 효율적으로 비즈니스 규칙 프로젝트를 관리하며, 예측 분석 작업을 정의하며, 실행 지향적 의사결정 지원 시스템 및 대시보드를 구성하는 프레임워크다.

이러한 외부적 피드백 전달 수단을 제공하는 것과 더불어, MLOps는 직무 전문가의 투명성을 높이는 방식으로 구축되어야 한다. 즉, 직무 전문가들이 MLOps 프로세스를 사용하여 모델 이면의 데이터 파이프라인을 빠르게 검색하고, 어떤 데이터가 사용되고 있는지, 어떻게 변환 및 수정되는지, 어떤 종류의 머신러닝 기술을 적용했는지 이해할 수 있어야 한다.

머신러닝 모델이 내/외부 규제를 준수하는지에 관심을 두는 직무 전문가를 위해, MLOps는 모델에 대한 투명성을 확보하고 이해를 도울 추가 수단을 제공할 수 있다. 모델이 어떤 결정에 이르는 과정을 상세히 분석할 수 있도록 돕는 기능이 이에 해당한다. 이러한 개별 결과에 대한 분석 기능은 통계 및 집계 기능과 상호 보완적이어야 한다.

궁극적으로 MLOps는 피드백 메커니즘 및 모델에 대해 데이터 과학자와 의사소통할 수 있는 수단으로서, 직무 전문가와 큰 연관이 있다. 또한 책임 있는 AI와 관련된 투명성과 관련해서도 MLOps가 필요하기 때문에 직무 전문가에게 MLOps는 중요하다.

2.2 데이터 과학자

MLOps 전략을 구축할 때는 데이터 과학자들의 요구사항을 가장 중요하게 검토해야 한다. 데이터 과학자들에게 요구사항이 많은 이유는 너무 당연한데, 대개 이들이 조직 내의 고립된 데이터나 프로세스, 도구를 다루고 있기 때문이다. 이들이 들이는 노고를 효과적으로 측정하기도 어렵다. MLOps로 이런 상황을 개선할 수 있다.

대부분의 사람들이 데이터 과학자가 머신러닝 모델 생애주기 내에서 하는 역할을 모델 구축으로 한정하기도 하지만, 사실 훨씬 넓어야 한다. 데이터 과학자는 최초 단계에서부터 직무 전문가와 협력하여 적절한 머신러닝 솔루션을 구축할 수 있도록 비즈니스 문제를 이해하고 정의해야 한다.

실제 업무를 수행해보면, 머신러닝 모델 생애주기 중 최초이자 가장 중요한 이 단계가 가장 어렵다. 데이터 과학자에게 익숙하지 않은 영역이라 특히 어렵다. 대학교나 온라인상의 데이터 사이언스 과정에서는 기술에 치중할 뿐 직무 전문가와 효율적으로 의사소통하는 방법을 알려주는 경우가 흔치 않다. 이 부분에서 비즈니스 의사결정 모델링이 도움이 될 수 있다.

또한 이 단계는 상당한 시간이 소요되기 때문에 어려운 과제라 할 수 있다. 직접 데이터를 다루고 싶어 안달난 데이터 과학자라 하더라도 몇 주 동안 고통스럽게 문제를 정의하고 범위를 설정해야 한다. 게다가 데이터 과학자는 물리적으로 혹은 문화적으로 비즈니스의 핵심부나 직무 전문가와 분리되기 일쑤라, 조직 내부에 접근할 수 없어 이들의 협력을 쉽게 끌어낼 수 없다. 견고한 MLOps 시스템을 활용하면 이러한 어려움을 해결할 수 있다.

첫 번째 어려움을 해결하고 나면, 조직에 따라서 데이터 엔지니어나 분석가에게 데이터 취합, 준비, 검토를 요청해야 한다. 때에 따라 데이터 과학자 본인이 이런 일들을 처리해야 할 수도 있다. 어느 경우든 모델을 개발, 테스트, 최적화 및 배포하는 일은 데이터 과학자의 몫이다.

배포한 후, 데이터 과학자는 모델 품질을 감사하여 최초의 비즈니스 질의 혹은 요구사항을 모델이 만족시키고 있는지 지속적으로 확인해야 한다. 많은 조직에서 다음과 같은 의문을 갖는다. 데이터 과학자는 본인이 개발한 모델만 모니터링해야 하는가? 아니면 모든 모델을 모니터링해야 하는가? 전자라면 담당자가 퇴직했을 때는 어떻게 되겠는가? 후자라면 훌륭한 MLOps 실천 사례를 구축해야만 긴급 상황이 발생했을 때 모니터링하는 사람이 빠르게 조치를 취할 수 있다. 모델을 구축한 사람이 없어도 MLOps가 프로세스를 매끄럽게 진행시킬 수 있는 방법은 무엇일까?

운영화와 MLOps

2018년부터 2019년 초까지 기업의 머신러닝 모델 생애주기와 AI에서 운영화는 핵심 유행어였다. 간단히 말하자면, 데이터 사이언스의 운영화Operationalization는 모델을 상용 배포하고 비즈니스 목표에 적합한지 성능을 측정하는 절차다. 그러면 운영화를 어떻게 MLOps에 적용할 것인가? MLOps에서는 운영화에 한 단계를 더 포함하였다. 즉, 상용 배포뿐 아니라 모델 및 데이터 파이프라인의 유지보수까지 포함한다.

MLOps와 운영화는 구분되기는 하지만, MLOps를 운영화의 새로운 개념으로 간주할 수도 있다. 즉, MLOps는 운영화를 위한 여러 가지 비즈니스 관련 허들을 제거하는 차세대 수단이자, 기업 내에서 머신러닝에 대한 새로운 과제를 제시한다.

앞에서 나온 모든 질문은 결국 이 문장으로 연결된다. MLOps에서 데이터 과학자의 요구사항은 무엇인가? 과정을 되짚어보면, MLOps는 반드시 데이터 과학자에게 모든 배포된 모델 및 A/B 테스트 중인 모델의 성능에 대한 가시화 도구를 제공해야 한다. 여기에는 모니터링뿐만 아니라 발견한 문제에 대한 대응 작업까지도 포함한다. 최상위 MLOps는 데이터 과학자가 테

스트를 통해 더 나은 모델을 선정하고 그 모델을 손쉽게 배포할 수 있는 유연성을 제공해야 한다.

투명성은 MLOps에서 가장 중요한 주제이고, 데이터 과학자에게도 핵심 요구사항이다. 데이터 파이프라인(누가 모델을 구축했든 상관없다)을 분석하고 빠르게 평가 및 조정할 수 있는 기능이 반드시 필요하다. 또한 빠르고 간편하고 안전한 상용 배포를 위한 자동화된 모델 패키징 및 전달도 투명성에 있어 중요한 부분이다. 이러한 투명성을 바탕으로 데이터 과학자와 소프트웨어 엔지니어, DevOps 팀이 서로를 신뢰할 수 있다.

투명성과 함께 MLOps에서 중요한 또 다른 주제는 순수한 효율성이다. 특히 이 요소는 데이터 과학자의 요구사항을 달성하기 위해 중요하다. 엔터프라이즈 환경에서 민첩성과 속도는 중요하다. DevOps에서도, MLOps에서도 중요하다. 물론 데이터 과학자가 임시 방편으로 순발력 있게 모델을 배포, 테스트, 모니터링할 수도 있다. 그러나 머신러닝 모델 하나를 배포할 때마다 처음부터 끝까지 새로 작업해야 하므로 엄청난 시간을 소모할 수밖에 없고, 임시 방편은 조직을 위한 확장성 있는 머신러닝 프로세스에 적용할 수 없다.

2.3 데이터 엔지니어

데이터 파이프라인은 머신러닝 모델 생애주기의 핵심이며, 데이터 엔지니어가 그 중심에 있다. 데이터 파이프라인은 추상적이고 복잡하기 때문에 데이터 엔지니어는 MLOps를 활용하여 높은 효율성을 얻을 수 있다.

큰 조직이라면 머신러닝 모델을 활용하는 애플리케이션 외부의 데이터 흐름을 관리하는 업무에 별도 인원을 배치한다. 기술 스택과 기업의 조직 구성에 따라 데이터 엔지니어는 데이터 파이프라인보다 데이터베이스에 더 집중된 업무를 담당할 수도 있다. 특히 데이터 사이언스와 머신러닝 플랫폼을 활용하여 비즈니스 분석가와 같은 데이터 실행가를 지원하는 기업의 경우 데이터베이스에 더 집중한다.

조직 내 역할이 다소 다를 수 있지만, 궁극적으로 데이터 엔지니어의 역할은 머신러닝 모델에 공급하기 위한 데이터를 취합하고 사용하는 부분을 최적화하는 것이다. 이는 일반적으로 사업부서, 특히 직무 전문가와 밀접하게 협업하여 프로젝트에 적합한 데이터를 찾고 사용할 수 있도록 준비하는 것이다. 혹은 데이터 과학자와 밀접하게 협업하여 모델이 상용 환경에서 기대하지 않는 방향으로 작동하지 않도록, 데이터 전달 과정에 이슈가 생기지 않도록 하는 것이다.

데이터 엔지니어가 머신러닝 모델 생애주기의 중심 역할을 맡아 모델 구축과 모니터링을 뒷받침하기 때문에 MLOps를 통한 높은 효율성 향상을 기대할 수 있다. 데이터 엔지니어는 상용 배포된 모든 모델의 성능에 대한 가시성을 확보해야 할 뿐만 아니라 어떠한 이슈라도 해결할 수 있도록 각각의 데이터 파이프라인을 심층적이고 직접적으로 분석할 수 있어야 한다.

이상적으로 보면, 데이터 엔지니어 업무를 최대한 효율적으로 수행하기 위해 MLOps는 단순 모니터링에 그치지 않고 머신러닝 모델을 조사하고 조정하는 기능을 제공해야 한다.

2.4 소프트웨어 엔지니어

MLOps에서 기존 소프트웨어 엔지니어들을 배제하기 쉽다. 그러나 이들은 머신러닝에 대해 엔터프라이즈 수준에서 일관된 전략을 구축하도록 요구하므로 더 넓은 조직적 관점에서 볼 때 중요한 전문가들이라 할 수 있다.

소프트웨어 엔지니어는 보통 머신러닝 모델을 구축하지 않지만, 대다수 조직에서는 머신러닝 모델뿐만 아니라 전통적인 소프트웨어와 애플리케이션도 구축한다. 따라서 더 큰 규모의 시스템 관점에서 소프트웨어와 데이터 과학자가 협력해야 한다. 결국 머신러닝 모델은 독립적 실험체가 아니기 때문이다. 머신러닝 코딩, 학습, 테스트, 배포가 모두 나머지 소프트웨어에서 사용 중인 CI/CD 파이프라인에 포함되어야 한다.

예를 들어, 어떤 유통 회사가 웹사이트에서 사용하기 위한 머신러닝 기반 추천 엔진을 구축했다고 하자. 머신러닝 모델은 데이터 과학자가 구축하겠지만, 사이트의 더 큰 기능과 통합하는 일은 소프트웨어 엔지니어가 수행할 수밖에 없다. 또한 소프트웨어 엔지니어는 웹사이트 전체의 유지보수를 담당하므로, 그 안에 머신러닝 모델의 기능을 사용하는 부분이 포함되어 있을 수밖에 없다.

이러한 상호작용을 감안하면, 소프트웨어 엔지니어는 엔터프라이즈 수준의 소프트웨어 애플리케이션 성능이라는 큰 그림의 일부로서 모델 성능을 상세히 파악하기 위해 MLOps를 필요로 한다. MLOps는 데이터 과학자와 소프트웨어 엔지니어가 동일한 언어로 대화하기 위한 수단이다. 거기에 더해, 기업 내 여러 시스템에 각기 배포된 모델들이 어떻게 함께 작동하는지 이해하기 위한 수단이기도 하다.

이외에도 소프트웨어 엔지니어가 필요한 기능에는 현재 무엇을 다루고 있는지 알기 위한 버전 관리 기능, 현재 다루고 있는 것이 잘 작동하는지 알기 위한 테스트 기능, 하나의 애플리케이션에서 여러 명이 협업하기 위한 기능 등이 있다.

2.5 DevOps

MLOps는 DevOps 원칙에서 생겨났다. 그렇다고 둘이 완전히 분리되어 작동하는 것은 아니다.

DevOps 팀은 머신러닝 모델 생애주기에서 두 가지 역할을 맡는다. 첫째, 머신러닝 모델의 보안, 성능, 가용성을 보장하기 위한 테스트뿐만 아니라 운영시스템을 구축하고 운영한다. 둘째, CI/CD 파이프라인 관리를 담당한다. 두 역할 모두 데이터 과학자, 데이터 엔지니어, 데이터 아키텍트와 긴밀하게 협력해야 한다. 물론 긴밀한 협조가 말만큼 쉬운 건 아니다. 그래서 MLOps가 반드시 필요하다.

DevOps 팀의 입장에서 볼 때, MLOps는 반드시 엔터프라이즈 기준의 DevOps 전략에 통합되어야 하고, 전통적 CI/CD와 현대적 머신러닝 사이의 간극을 메워줘야 한다. 이는 시스템이 근본적으로 상호 보완적이어야 한다는 의미다. 또한 전통적 소프트웨어에 대한 테스트를 자동화할 수 있듯이 머신러닝에 대한 테스트도 자동화할 수 있어야 한다.

2.6 모델 리스크 관리자/감리인

특정 산업군(특히 금융 서비스 업계)에서, 모델 리스크 관리^{Model Risk Management}(MRM) 기능은 규정 준수에 있어 필수적이다. 낮은 성능에 따른 치명적 손실을 예방할 수 있다는 점에서 모든 산업군에 유용하다. 게다가 감사(감리)는 많은 산업군에 필요한 역할이면서 노동 집약적이기 때문에, MLOps가 유용할 수 있다.

머신러닝 모델 생애주기 관점에서, 모델 리스크 관리자는 기업의 전체 리스크 감소를 목적으로 모델의 결과물에 대한 분석뿐만 아니라 머신러닝 모델의 초기 목표와 비즈니스 질문을 분석하는 데에도 중요한 역할을 할 수 있다. 또한 직무 전문가와 함께 머신러닝 모델 생애주기 초기에 투입되어 자동화된 머신러닝 기반 방법론이 리스크를 내포하거나 유발하지 않도록 할 수 있다.

또한 모델 리스크 관리자는 모니터링을 수행하여 상용 환경에 모델을 배포한 후 리스크가 발생하지 않도록 한다. 모델 리스크 관리자는 모델 개발 이후부터 모델 배포 전까지의 단계에 위치하여 내/외부 요구사항 준수를 보장한다.

모델 리스크 관리자 및 관련 팀의 업무는 워낙 수작업이라 MLOps를 활용하면 상당한 효율성을 얻을 수 있다. 또한 모델 리스크 관리자 간에 서로 다른 도구를 사용하는 경우가 많아, 이 도구를 표준화하면 감사 및 리스크 관리 수행 속도를 크게 향상시킬 수 있다.

MLOps에서 특별히 필요로 하는 부분은 모든 모델에 대한 견고한 리포팅 도구다. 성능에 대한 상세한 내용뿐 아니라 데이터 출처도 확인할 수 있어야 한다. 자동화된 리포팅 도구를 활용하게 되면 모델 리스크 관리자 및 감사 팀은 더 효율적으로 업무를 수행할 수 있다.

2.7 머신러닝 아키텍트

전통적인 데이터 아키텍트의 역할은 기업 전체의 아키텍처를 이해하고 비즈니스 전반에 걸친 데이터 요구사항을 만족하는지 확인하는 것이다. 일반적으로 데이터가 어떻게 저장되고 소모되는지 정의하는 역할을 수행한다.

최근에는 아키텍트에게 요구하는 수준이 대폭 상승하여 데이터의 저장과 소모 방식뿐만 아니라 머신러닝 모델의 작동 방식도 이해해야 한다. 이로 인해 역할이 복잡해지고 MLOps와 관련한 책무가 늘어난다. 이러한 이유로 전통적인 데이터 아키텍트라는 이름이 아닌 머신러닝 아키텍트로 명명하였다.

머신러닝 모델 생애주기에서 머신러닝 아키텍트는 핵심 역할을 수행하여, 모델 파이프라인에 대한 확장성 있고 유연한 환경을 보장한다. 또한 데이터 팀은 기술적 전문성을 확보하여 머신러닝 모델의 성능을 향상시키기 위한 새로운 기술을 도입한다. 이러한 이유로 데이터 아키텍트라는 역할만으로는 충분하지 않다. 머신러닝 모델 생애주기에서 이러한 중요한 역할을 수행하려면 엔터프라이즈 아키텍처뿐만 아니라 머신러닝에 대한 깊은 이해가 동반되어야 한다.

이 역할을 수행하려면 데이터 과학자, 데이터 엔지니어, DevOps 및 소프트웨어 엔지니어에 이르는 모든 관련자들과 협업해야 한다. 각 업무에 대한 이해 없이는 적절한 자원 배분이나 머신러닝 모델의 최적 성능을 보장할 수 없다.

MLOps에서 머신러닝 아키텍트의 역할은 자원 할당을 중앙에서 통제하는 것이다. 전략적이자 전술적인 역할이기 때문에 병목 지점을 판단하고 장기적인 향상을 꾀하기 위한 통합적 관점이 필요하다. 또한 시스템 확장성을 해치지 않는 수준의 빠른 패치뿐 아니라 투자를 필요로 하는 신기술이나 인프라를 파악하는 것도 머신러닝 아키텍트의 역할이다.

2.8 마치며

MLOps는 데이터 과학자만을 위한 것이 아니다. 다양한 전문가가 머신러닝 모델 생애주기뿐만 아니라 MLOps 전략 아래에서 각자의 역할을 수행한다. 사실 직무 전문가부터 머신러닝 아키텍트에 이르는 모든 사람이 상용 환경에서 머신러닝 모델을 유지보수하기 위한 핵심적 역할을 담당한다. 머신러닝 모델에서 가장 좋은 결과(머신러닝 기반 시스템에서 좋은 결과는 시스템에 대한 신뢰와 함께 시스템을 더 구축하기 위한 예산 증가를 불러온다)를 얻어야 하는 것뿐 아니라 1장에서 언급한 리스크를 비즈니스에서 제거하는 것도 중요한 목표다.

CHAPTER 3

MLOps의 핵심 기능

MLOps는 조직 내 많은 역할과 머신러닝 모델 생애주기 내 많은 부분에 영향을 끼친다. 이번 장에서는 MLOps의 다섯 가지 핵심 기능인 개발^{Development}, 배포^{Deployment}, 모니터링^{Monitoring}, 반복^{Iteration}, 거버넌스^{Governance}를 소개한다. 이번 장에서는 대략적인 내용만 소개하고, 각각의 기술 상세와 요건은 4장부터 8장에 걸쳐 다루도록 하겠다.

3.1 머신러닝 입문

MLOps의 핵심 기능을 이해하려면 머신러닝의 작동 원리를 이해하고 특성을 알아야 한다. 알고리즘 선택(혹은 머신러닝 모델을 구축하는 방식)이 MLOps에서 차지하는 역할을 간과하곤 하지만, 이는 MLOps 프로세스에 직접적인 영향을 줄 정도로 중요하다.

근본적으로 머신러닝은 컴퓨터 알고리즘의 총아로서, 명시적으로 프로그래밍되기보다는 자동으로 경험으로부터 배우고 성능을 개선한다. 알고리즘을 활용하여 학습 데이터라고도 불리는 표본 데이터를 분석하고, 예측을 수행하는 소프트웨어 모델을 구축한다.

예를 들어, 이미지 인식 모델은 사진에서 각 계량기를 구분할 수 있는 키 패턴을 검색하여 전기 계량기 유형을 식별할 수 있다. 또 다른 예로 보험 추천 모델을 들 수 있는데, 유사한 고객의 과거 이력을 분석하여 특정 고객이 구매할 법한 보험 상품을 추천하는 것이다.

머신러닝 모델은 익숙하지 않은 데이터(사진이나 고객이라고 하자)를 만나면 과거 데이터에서 학습한 내용을 활용하여 예측을 수행한다. 이는 모든 데이터가 어느 정도 과거 데이터와 연관되어 있다는 가정 아래 이루어진다.

머신러닝 알고리즘은 광범위한 수학적 기법을 활용하며, 모델 형태는 간단한 의사결정 트리 Decision Tree부터 로지스틱 회귀Logistic Regression와 매우 복잡한 딥러닝Deep Learning 모델까지 다양하다. 이와 관련한 상세 내용은 4.1절에서 다룬다.

3.2 모델 개발

여기서는 머신러닝 모델 개발 전체를 살펴보고 구성 요소에 대해 확인해본다. 모든 구성 요소는 배포 이후 MLOps에 영향을 줄 수 있다.

3.2.1 비즈니스 목표 수립

머신러닝 모델 개발 과정은 보통 비즈니스 목표에서 시작한다. 그 목표는 거래 사기를 0.1% 미만으로 줄인다거나 소셜 미디어에서 사람들의 얼굴을 구분하는 것과 같이 간단한 것일 수 있다. 비즈니스 목표는 당연히 성능 목표, 기술 인프라 요구사항, 비용 제약을 포함한다. 이러한 요소들은 모두 KPIKey Performance Indicator로 선정할 수 있고, 상용 환경에서 모델의 비즈니스 성능 측정을 위한 모니터링 대상이 될 수 있다.

머신러닝 프로젝트는 독자적으로 발현되지 않는다는 점을 인지해야 한다. 일반적으로 더 큰 프로젝트의 일부로 들어가기 때문에, 기술, 프로세스, 사람에 영향을 미칠 수 있다. 즉, 목표 설정 시 변화 관리도 포함하여, 머신러닝 모델이 어떻게 구축되어야 하는지에 대한 가이드를 제공해야 할 수도 있다. 예를 들어, 달성해야 할 투명성 수준은 알고리즘 선택에 큰 영향을 미치며, 예측이 수행된 과정에 대한 설명을 함께 제공해야 할 수도 있다. 왜냐하면 그 수준의 투명성을 달성해야 비즈니스상의 의미 있는 의사결정에서 예측을 활용할 수 있기 때문이다.

3.2.2 데이터 소스 및 탐색적 데이터 분석

명확하게 비즈니스 목표를 정의하고 나면, 직무 전문가와 데이터 과학자는 머신러닝 모델 개발의 여정을 시작할 수 있다. 먼저 적합한 입력 데이터를 찾아야 한다. 데이터를 찾는 일이 간단해 보일 수 있지만, 실상은 이 여정 중 가장 힘든 부분일 가능성이 높다.

머신러닝 모델 구축을 위해 데이터를 찾기 위한 핵심 질문은 다음과 같다.

- 관련 데이터 세트 중 어떤 것을 사용할 수 있는가?
- 이 데이터는 충분히 정확하고 신뢰할 수 있는가?
- 이해관계자들이 이 데이터에 접근할 권한이 있는가?
- 여러 개의 데이터 소스(Data Source)를 조합하여 어떤 데이터 속성(Property) 또는 특성(Feature)을 만들어낼 수 있는가?
- 이 데이터는 실시간으로 얻을 수 있는가?
- 데이터 중 일부를 '실측 데이터(ground truth)'로 레이블링(labeling)해야 하는가, 아니면 비지도 학습으로 충분한가? 만약 레이블링해야 한다면 시간과 자원 측면에서 비용이 얼마나 드는가?
- 어떤 플랫폼을 사용해야 하는가?
- 모델을 배포한 후 데이터를 어떻게 갱신할 것인가?
- 모델을 사용하면 오히려 데이터의 대표성을 해칠 수 있는가?
- 비즈니스 목표와 함께 정의한 KPI를 어떻게 측정할 것인가?

데이터 거버넌스에 의한 제약조건을 준수해야 할 경우 더 많은 질문이 필요하다.

- 선택한 데이터 세트를 이 목적을 위해 사용할 수 있는가?
- 이용 약관은 어떻게 되는가?
- 가명화(redact) 혹은 익명화(anonymize)해야 하는 개인 식별 정보(Personally Identifiable Information, PII)가 있는가?
- 이 비즈니스에서 법적으로 사용할 수 없는 특성(예를 들면 성별)들이 있는가?
- 소수 집단(minority population)을 충분히 잘 배분하여 모델이 각 그룹에서 동일한 성능을 보이는가?

데이터는 머신러닝 알고리즘의 근본 요소이므로, 모델을 학습시키기 전에 데이터 패턴을 이해하면 모델을 개발하는 데 큰 도움이 될 것이다. 탐색적 데이터 분석^{Exploratory Data Analysis}(EDA) 기법을 통해 데이터에 대한 가정을 세우고, 데이터 정제^{Data Cleansing}(혹은 데이터 전처리) 시 필요한 사항을 확인하고, 의미가 있을 것으로 추정되는 특성을 선택하기 위한 단서를 얻을 수 있다.

EDA는 직관적인 통찰력이 필요할 경우 시각적 분석을 수행하고 좀 더 심도 있는 분석이 필요한 경우에는 통계적 기법을 활용할 수 있다.

3.2.3 특성 엔지니어링 및 특성 선택

EDA를 수행하고 나면 자연스럽게 특성 엔지니어링과 특성 선택Feature Selection을 하게 된다. 특성 엔지니어링Feature Engineering은 선택한 데이터 세트들에서 원시 데이터를 취득하고 문제를 해결하는 데 더 적합한 '특성feature'으로 전환하는 절차다. '특성'은 고정된 크기의 숫자 배열로서, 머신러닝 알고리즘이 유일하게 이해할 수 있는 객체다. 특성 엔지니어링은 데이터 정리를 포함하고 있어, 머신러닝 프로젝트에서 시간 소모가 가장 큰 부분이다. 이와 관련한 상세한 내용은 4.3절에서 다룬다.

3.2.4 학습 및 평가

특성 엔지니어링 및 특성 선택을 수행하여 데이터 준비를 끝내고 나면, 다음은 학습 단계다. 새로운 머신러닝 모델을 학습시키고 최적화하는 절차는 반복적이다. 여러 가지 알고리즘을 테스트해야 할 수도 있고, 특성이 자동으로 생성되도록 해야 할 수도 있고, 특성 선택을 수행할 수도 있고, 알고리즘 하이퍼파라미터hyperparameter를 조정할 수도 있다. 반복성이라는 특징 외에 학습은 컴퓨팅 파워 측면에서 머신러닝 모델 생애주기 중에서 시간과 비용의 소모가 가장 큰 단계다.

반복 과정에서 각 실험의 결과를 추적하다 보면 금세 복잡한 상황을 만나게 된다. 데이터 과학자들에게는 정확한 설정을 기억하지 못해 가장 좋은 결과를 재현할 수 없는 상황이 가장 당혹스럽다. 실험 추적 도구를 활용하면 데이터나 선택한 특성, 모델 매개변수, 성능 지표 등을 기억해야 하는 부담을 덜 수 있다. 또한 도구를 활용하면 성능상의 차이를 강조하면서 실험들을 나란히 비교할 수 있다.

가장 좋은 방법을 선택하기 위해서는 정확도나 평균 오차와 같은 정량적인 기준과 알고리즘 설명 가능성이나 적용 난이도 같은 정성적 기준이 필요하다.

3.2.5 재현 가능성

많은 실험이 금방 사라지지만, 모델의 중요한 버전은 나중을 위해 저장해둬야 한다. 여기서 중요한 부분은 재현 가능성Reproducibility으로서, 일반적으로 실험 과학에서 중요한 개념이다. 머신러닝의 목표는 모델을 개발한 환경에 대한 정보를 충분히 저장하여 동일한 결과를 보이는 모델을 처음부터 다시 만들어내는 것이다.

재현 가능성이 부족하면, 데이터 과학자는 모델에 대해 확신을 가지고 반복iterate하기 힘들고, 심한 경우 상용 환경에서 정상 작동 가능하다는 말조차 DevOps에게 꺼내지 못할 수도 있다. 확실하게 재현 가능성을 확보하려면, 모든 자산asset과 매개변수를 버전 관리해야 하고, 모델의 학습과 검증에 사용한 데이터와 소프트웨어 환경 또한 버전 관리해야 한다. 이와 관련한 자세한 내용은 4.6절에서 다룬다.

3.2.6 책임 있는 AI

모델의 재현 가능 여부는 운영화 과제 중 하나에 불과하다. DevOps 팀은 모델 검증 방법도 이해해야 한다(예를 들면, 모델이 어떤 작업을 하고, 모델을 어떻게 테스트해야 하고, 기대 결과는 무엇인지 등). 규제가 심한 산업의 경우, 문서화를 상당히 상세한 수준까지 수행해야 한다. 모델을 어떻게 개발했고 어떻게 조정했는지도 포함해야 할 수 있다. 아주 심한 경우에는 모델을 독립적 환경에서 다시 코딩하고 개발해야 할 때도 있다.

문서화는 의사소통의 문제에 대한 표준에 가까운 해결책이다. 학습된 모델에 대한 문서를 자동으로 생성하는 도구를 활용하여 모델 문서 작성을 자동화할 경우 작업 부담을 줄일 수 있다. 하지만 대부분의 경우 모델 개발 과정에서 있었던 선택에 대해 설명하기 위해 일부 문서는 수작업으로 작성해야 한다.

머신러닝 모델은 근본적으로 통계학적인 부분이 있기 때문에 이해하기 어렵다. 아무리 모델에서 사용한 알고리즘의 효과를 평가하기 위해 표준 성능 측정 방법까지 사용했다 하더라도, 어떤 과정을 거쳐 예측 결과에 도달하는지 설명하기 어렵다. 하지만 모델의 정상 여부를 검사하거나 특성 엔지니어링을 더 잘 수행하기 위해서는 그 '어떻게'가 중요하다. 또한 데이터의 공정성이 요구사항인 경우, 요구된 공정성을 달성했는지 확인하는 과정에서도 '어떻게'가 필요하다(예를 들어, 성별, 나이, 인종 같은 특성). 이는 설명 가능성의 영역으로 1장에서 언급한 책임 있는 AI와 관련 있다. 이 주제는 4장에서 상세히 살펴보겠다.

통제되지 않은 AI의 영향에 대한 전 세계적 우려가 깊어짐에 따라 설명 가능성 관련 기법은 더욱 중요해지고 있다. 이는 불확실성을 낮추고 의도되지 않은 결과를 미연에 방지할 수 있는 방안이다. 오늘날 일반적으로 사용되는 기법은 다음과 같다.

- **부분 의존도 그래프(Partial Dependence Plot, PDP)**: 특성들이 예측 결과에 미치는 영향도를 확인할 수 있다.
- **하위집단(Subpopulation) 분석**: 모델이 특정 하위집단을 어떻게 처리하는지 확인 가능하여, 많은 공정성 분석에서 사용한다.
- **개별 모델 예측**: 샤플리 값(Shapley value)과 같은 것으로, 각각의 특성이 특정 예측 결과에 어떤 영향을 미치는지 확인할 수 있다(*https://oreil.ly/OC80K*).
- **What-if 분석**: 머신러닝 모델의 사용자가 입력값에 대한 예측 결과의 민감도를 확인할 수 있다.

이번 절에서 살펴본 바와 같이, 모델 개발은 머신러닝 모델 생애주기 중 초기 단계에 해당하지만, MLOps 실천 사례를 포함해야 하는 중요한 지점이다. 모델 개발 단계 중 어떤 MLOps 작업이든 선제적으로 수행한다면, 이후 모델을 관리하기가 더 수월하다(특히 상용 배포 시에 더욱 유용하다).

3.3 제품화 및 배포

모델의 제품화Productionalization와 배포Deployment는 MLOps의 핵심 요소로서, 모델 개발과는 기술적으로 완전히 다른 과제다. 소프트웨어 엔지니어와 DevOps 팀의 영역으로, 데이터 과학자와의 정보 교류 과정에서 발생하는 조직상의 과제도 중요하게 다루어야 한다. 1장에서 살펴본 바와 같이, 팀 간의 효율적인 협업 없이는 배포가 지연되거나 실패할 수밖에 없다.

3.3.1 모델 배포 유형과 내용

이 단계에서 어떤 일이 일어나는지 이해하기 위해, 한발 물러서서 다음과 같이 질문해보는 게 좋다. 상용 배포 중에 정확히 어떤 일이 일어나는가? 모델은 무엇으로 구성되어 있는가? 보통 모델 배포에는 두 가지 유형이 있다.

Model-as-a-service 혹은 실시간-스코어링 모델Live-scoring Model

일반적으로 REST API 종단점endpoint(API 요청을 받으면 작업을 수행하는 자원에 접속Access하는 수단)을 제공하는 간단한 프레임워크에 모델을 배포하고, 실시간으로 요청에 응답한다.

임베디드 모델Embedded Model

모델을 애플리케이션 내에 패키징하여 게시Publish한다. 일반적인 사례로는 요청들을 일괄 스코어링Batch Scoring하는 애플리케이션이 있다.

물론 배포할 모델이 무엇으로 구성되어 있는지는 선정한 기술에 달려 있지만, 보통 일련의 코드(일반적으로 Python, R, Java)와 데이터 아티팩트Data Artifact로 구성되어 있다. 이 중 어떤 것이든 런타임 및 패키지들과의 버전 의존성이 있을 수 있으므로, 이러한 부분들도 상용 환경에서 맞춰줘야만 모델의 예측 결과가 달라지지 않는다.

상용 환경에서 의존성을 축소하기 위한 방법 중 하나로 이동이 용이한Portable 포맷을 사용하는 방법이 있다. 이동이 용이한 포맷으로는 PMML, PFA, ONNX, POJO 등이 있다. 이 포맷들은 시스템 간 모델의 이동 용이성 향상을 목표로 하고 있어, 이 포맷들을 이용하면 배포가 간단해질 수 있다. 하지만 감수해야 할 부분이 있다. 각 포맷이 지원하는 알고리즘에 한계가 있고, 때에 따라 모델이 다소 다르게 작동하는 경우도 있기 때문이다. 이동이 용이한 포맷의 사용 여부는 기술적이고 사업적인 맥락을 완전히 이해한 후에 결정해야 한다.

컨테이너화

컨테이너화Containerization는 머신러닝 모델 배포 시 발생하는 의존도 해결 방법으로 점점 더 선호도가 높아지고 있다. 도커Docker와 같은 컨테이너 기술은 가상 머신의 가벼운 대안으로서, 애플리케이션이 독립적이고 독자적인 환경에 배포되도록 하고 각 모델의 정확한 요구사항을 만족시킨다.

컨테이너 기술을 활용하면, 블루-그린 배포 기법을 활용하여 새로운 모델을 원활하게 배포할 수도 있다.[1] 또한 여러 컨테이너를 탄력적으로 이용하여 모델을 위한 컴퓨팅 자원을 확장할 수 있다. 여러 개의 컨테이너에 대한 오케스트레이션Orchestration은 쿠버네티스Kubernetes와 같은 기술들을 활용하여 수행하는데, 클라우드와 온프레미스On-premise[2] 양쪽 모두에서 활용 가능하다.

---

1 블루-그린 배포 기법에 대한 상세한 설명은 이 책의 범위를 벗어나므로, 다음을 확인하길 바란다.
마틴 파울러의 블로그 (https://oreil.ly/Uuobx).

2 옮긴이_ 온프레미스(On-premise)는 소프트웨어 등 솔루션을 클라우드 같은 원격 환경이 아닌 자체적으로 보유한 전산실 혹은 IDC 서버에 직접 설치해 운영하는 방식이다.

3.3.2 모델 배포 요구사항

그러면 모델 개발 완료 단계부터 상용 환경에 물리적으로 배포하는 단계 사이에 존재하는 제품화 단계란 무엇인가? 이 단계에서 무엇을 해결해야 하는가? 한 가지는 확실하다. 빠르고 자동화된 배포는 언제나 노동 집약적 절차보다 낫다는 점이다.

수명이 짧은 셀프서비스Self-service 애플리케이션에서는 테스트와 검증을 크게 신경 쓰지 않아도 되는 경우가 많다. 모델의 최대 자원 요구 수준을 리눅스 cgroups과 같은 기술을 활용하여 안전하게 달성할 수 있는 경우에는, 완전 자동화하여 하나의 단계로 이루어진 푸시-투-프로덕션push-to-production[3] 방식이 적합하다.

Flask와 같은 프레임워크를 활용하여 단순한 유저 인터페이스로 구성할 수도 있다. 통합된 데이터 사이언스 및 머신러닝 플랫폼 외에 일부 비즈니스 규칙 관리 시스템을 활용하면, 간단한 머신러닝 모델에 대한 자율 배포를 어느 정도는 수행할 수도 있다.

고객 대면용 서비스 혹은 미션 크리티컬[4] 사례에서는 더 견고한 CI/CD 파이프라인이 필요하다. 보통 다음과 같은 기능을 포함한다.

1 코딩, 문서화, 작업 완료 관련 표준을 모두 준수함
2 상용 환경에 가까운 어떤 환경 내에서 모델을 재구축해봄
3 모델 정확도를 재검증함
4 설명 가능성 검사를 수행함
5 모든 거버넌스 요구사항을 달성했는지 확인함
6 모든 데이터 아티팩트의 품질을 확인함
7 부하 상태에서 자원 사용량을 테스트함
8 더 복잡한 애플리케이션에 임베드하고, 통합 테스트도 수행함

---

3 옮긴이_ 푸시-투-프로덕션(push-to-production)은 코드 개발에서 테스트 및 배포까지 전 과정이 자동화되어 바로 제품에 배포되는 방식이다.
4 옮긴이_ 미션 크리티컬은 실패하거나 간섭을 받으면 사업에 큰 영향을 받는다. 예를 들어, 은행, 항공/철도 등이다.

규제가 심한 산업(예를 들어, 금융, 제약)에서는 거버넌스와 규제 검사의 범위가 넓고, 수동 개입을 필요로 하는 경우가 많다. 그렇다 하더라도, MLOps 측면에서도 DevOps와 마찬가지로 가능한 한 CI/CD 파이프라인을 자동화해야 한다. 그래야 배포 프로세스의 속도를 올릴 수 있을 뿐만 아니라 더 확장된 회귀 테스트가 가능하고 배포 중 오류 발생 가능성을 낮출 수 있다.

3.4 모니터링

모델을 상용 배포한 뒤에는 계속 잘 작동하는지 확인해야 한다. 하지만 좋은 성능이란 말은 저마다 다른 의미일 수 있다. 즉, DevOps 팀 측면에서, 데이터 과학자 측면에서, 비즈니스 측면에서 다른 의미일 수 있다.

3.4.1 DevOps의 관심사

DevOps 팀의 관심사는 우리에게 상당히 익숙한 것들로 다음과 같다.

- 모델이 작업을 충분히 빠르게 처리하는가?
- 적절한 용량의 메모리와 CPU 처리 시간을 사용하고 있는가?

이는 전통적인 IT 관점의 성능 모니터링으로 DevOps 팀은 어떻게 해야할지 이미 잘 알고 있다. 머신러닝 모델에서 필요로 하는 자원도 전통적 소프트웨어와 큰 차이가 없다.

예를 들어, 상용 환경에서 모델을 재학습시켜야 한다면, 컴퓨팅 자원의 확장성은 중요한 고려사항이다. 특히, 딥러닝 모델은 단순한 의사결정 트리보다 훨씬 많은 자원을 필요로 한다. 하지만 DevOps 팀이 이미 보유하고 있는 모니터링과 자원 관리에 대한 전문 역량을 머신러닝 모델에도 적용할 수 있다.

3.4.2 데이터 과학자의 관심사

데이터 과학자는 새롭고 더 도전적인 이유에서 머신러닝 모델의 모니터링에 관심을 갖는다. 머신러닝 모델은 학습시킬 때 사용한 데이터에 적합하기 때문에 시간이 지나면 성능이 떨어질 수 있다. 이는 전통적 소프트웨어에서는 당면하기 힘든 문제이지만, 머신러닝에서는 태생적으로 내재된 문제에 해당한다. 머신러닝에서는 수학을 활용하여 학습 데이터 내의 중요한 패턴을 간결한 형태로 구성하여, 현실 세계를 잘 반영하려고 한다. 학습 데이터가 현실 세계를 잘 반영하고 있다면, 모델은 정확하고 효과적일 수밖에 없다.

하지만 현실 세계는 계속 변화한다. 6개월 전에 이상 거래 탐지 모델 구축 시 사용한 학습 데이터는 최근 3개월 내에 발생하기 시작한 새로운 형태의 사기를 반영하지 않는다. 만약 어떤 웹사이트에 점점 젊은 고객이 인입된다면, 과거에 학습한 광고 생성 모델은 점점 고객과 관련성이 떨어지는 광고를 선택할 것이다. 어느 순간, 성능이 너무 낮아 모델 재학습을 해야 하는 시점에 도달할 것이다. 얼마나 자주 모델을 재학습시켜야 하는가는 얼마나 빨리 현실 세계가 변하고 모델은 얼마나 정확해야 하는가에 달려 있다. 물론 더 나은 모델을 구축하고 배포하는 일이 얼마나 쉬운가도 중요한 요소다.

어쨌든, 데이터 과학자는 모델의 성능이 떨어지고 있다는 이야기를 어떤 방식으로 할 수 있는가? 쉽지 않은 문제다. 일반적인 방법으로 두 가지가 있는데, 하나는 실측 데이터^{Ground truth} 기반이고 다른 하나는 입력값 드리프트^{Input drift}다.

실측 데이터

간단히 말해, 실측 데이터는 모델이 풀어야 하는 질문에 대한 정답이다. 예를 들어, "이 신용카드 거래는 실제로 사기를 당한 것인가?"와 같은 질문이다. 모델의 모든 예측 결과에 대한 실측 데이터를 안다면, 모델의 성능을 정확히 알 수 있을 것이다.

경우에 따라 예측을 수행한 후 금세 실측 데이터를 얻을 수도 있다. 예를 들어, 웹사이트에서 사용자에게 어떤 광고를 노출할 것인지 결정하는 모델이 있다고 하자. 사용자가 수 초 내에 광고를 클릭하거나 혹은 클릭하지 않을 것이므로 광고의 효과도 수 초 내에 알 수 있다. 하지만 상당수 실측 결과는 훨씬 늦게 얻기 마련이다. 거래가 사기인지 아닌지 예측하는 모델의 경우, 어떻게 사기인지 확정할 수 있을까? 거래 중 일부는 수 분 내에 검증할 수도 있는데, 신용카드 거래 발생 시 신용카드 소유자에게 전화를 하는 것과 같은 방법을 통해서 가능하다. 하지만 모델이 어떤 거래가 정상이라고 판정했지만, 사실 사기인 경우는 어떻게 될까? 가장 희망적인 경우라면 신용카드 소유자가 월 거래 내역을 보고 카드 회사에 연락을 하는 것인데, 이것도 사건이 벌어지고 한 달 후에나 연락이 이루어질 수도 있다. 혹은 카드 소유자가 아예 연락을 안 할수도 있다.

이상 거래 사례의 경우, 실측 결과로는 데이터 사이언스 팀이 매일 정확하게 성능 모니터링을 할 수 없다. 빠른 피드백이 필요한 경우, 입력값 드리프트가 더 나은 방안이 될 수 있다.

입력값 드리프트

입력값 드리프트[5]는 학습 데이터가 현실 세계를 정확히 반영하고 있다면 모델도 정확하게 예측할 것이라는 가정을 기반으로 한다. 따라서 배포된 모델에 대한 최근 요청에 큰 변화가 있다면, 모델 성능이 크게 떨어졌을 가능성이 높다. 이것이 입력값 드리프트 모니터링의 기본이다. 이 접근 방법의 장점은 만약 테스트에 필요한 데이터가 모두 있다면 실측 데이터 혹은 그 어떤 정보도 필요하지 않다는 점에 있다.

드리프트를 판정하는 것은 적응형 MLOps 전략에서 가장 중요한 요소들 중 하나다. 또한 조직의 엔터프라이즈 AI 작업 전반에 민첩성을 가져올 수 있는 요소이기도 하다. 7장에서 모델 모니터링에 대해 기술적으로 상세히 살펴보겠다.

3.4.3 비즈니스 관심사

비즈니스 관점에서는 모니터링에 대한 전체적인 조망이 필요하기 때문에, 다음과 같은 의문을 가질 수 있다.

- 모델이 기업에 가치가 있는가?
- 모델로 얻을 수 있는 이점이 모델을 개발하고 배포할 때 필요한 비용을 넘어서는가?
  (또한 이 이점이나 비용은 어떻게 측정할 수 있는가?)

원래의 비즈니스 목적을 위해 선정한 KPI는 이 과정의 일부일 뿐이다. 가능하다면 KPI를 자동으로 모니터링해야 하지만, 사실 이것도 사소한 부분에 지나지 않는다. 앞에서 다룬 예시인 이상 거래 예측을 돌이켜보더라도, 사기를 전체 거래 중 0.1% 미만으로 줄이는 목표 달성 여부는 실측 데이터에 달려 있다. 게다가 모니터링으로 측정하더라도 다음과 같은 비즈니스 질문에 답할 수 없다. 비즈니스 관점에서 달러로 환산한 순이익은 얼마나 되는가?

---

5 옮긴이_ 입력값의 통계적 속성(예: 분포도)이 변화하는 것이다.

이러한 방식은 소프트웨어와 관련된 오래된 질문이다. 머신러닝에 대한 예산이 커질수록 데이터 과학자에게 가치를 입증하라는 압박은 더욱 거세질 것이다. 돈으로 환산할 수 있는 수단이 없다면, 가장 좋은 선택지는 비즈니스 KPI를 효과적으로 모니터링하는 것이다. 이와 관련한 상세한 내용은 10.3절에서 다룬다. 기준을 설정하는 것도 중요한데, 프로젝트 전체가 아닌 머신러닝 관련 하위 프로젝트에 대해 특정하여 구분하는 편이 이상적이다. 예를 들어, 머신러닝의 성능을 직무 전문가가 설정한 규칙 기반 의사결정 모델에 비교하여 평가함으로써, 의사결정을 자동화하여 얻을 수 있는 이점과 머신러닝을 활용하는 것 자체로 얻을 수 있는 이점을 분리하여 평가할 수 있다.

3.5 반복 및 생애주기

모델의 개선된 버전을 개발하고 배포하는 일은 머신러닝 모델 생애주기 중 중요한 부분이자 좀 더 도전적인 과제 중 하나다. 모델의 새 버전을 개발해야 하는 이유로는 여러 가지가 있을 수 있는데, 그중 하나는 앞에서 설명했듯이 모델 드리프트Model drift로 인한 모델 성능 저하다. 때로는 재정의한 비즈니스 목표 및 KPI를 반영해야 할 수도 있고, 때로는 데이터 과학자가 더 나은 모델 설계 방법을 찾았기 때문일 수도 있다.

3.5.1 반복

일부 빠르게 변화하는 비즈니스 환경에서는 매일 새로운 학습 데이터를 얻을 수 있다. 가능한 한 최신 경험을 모델에 반영하기 위해 매일 재학습 및 재배포되도록 자동화하기도 한다.

최신 학습 데이터로 기존 모델을 재학습시키는 방식은 새 버전 개발을 반복Iteration하기 위한 가장 간단한 방식이다. 하지만 특성 선택이나 알고리즘에 변화가 없다 하더라도 이 방식에는 수많은 함정이 도사리고 있다. 특히 아래와 같은 것들이 있을 수 있다.

- 새 학습 데이터의 모습이 기대한 대로 나타나는가?
  새 데이터를 자동화된 검증 방식과 사전 정의된 지표와 검사로 확인해야 한다.
- 데이터가 완전하고 일관성이 있는가?
- 특성의 분포가 대체로 기존 학습 데이터 세트와 유사한가?
  목표는 모델의 개선이지 뒤집어 엎는 것이 아님을 기억해야 한다.

모델의 새 버전을 구축하고 나면, 다음 단계는 현재 배포된 버전과 지표를 기반으로 비교하는 것이다. 이 과정에서 두 모델을 동일한 개발용 데이터 세트로 평가해야 한다. 지표와 검사에서 두 모델 사이에 광범위한 변화가 있음을 확인했다면, 자동화된 스크립트로 배포하지 말고 수작업으로 진행해야 한다.

새 학습 데이터로 아주 '간단한' 자동화된 재학습 시나리오를 수행하더라도, 스코어링 데이터 보정(가능하면 실측 데이터를 활용한다), 데이터 정리 및 검증을 거친 여러 벌의 데이터 세트, 모델의 이전 버전, 신중하게 설계한 검사들이 필요하다. 다른 시나리오로 재학습시키는 경우에는 훨씬 복잡하기 때문에 자동화된 배포는 거의 불가능하다.

예를 들어, 중대한 입력값 드리프트를 발견하여 재학습의 필요성이 생겼다고 하자. 모델을 어떻게 개선할 것인가? 새 학습 데이터가 있어 이 데이터로 학습시킨다면 비용 면에서 가장 효율적일 것이다. 하지만 실측 데이터를 얻는 데 시간이 오래 걸리는 환경에서는 새로 레이블링한 데이터를 조금밖에 얻을 수 없다.

이런 경우에는 드리프트의 원인을 이해할 수 있고 최신 입력 데이터를 정확히 반영하도록 기존 학습 데이터를 조정할 수 있는 데이터 과학자가 직접 개입해야 한다. 이러한 변경을 통해 구축한 모델을 검증하기란 쉽지 않다. 데이터 과학자는 우선 상태, 즉 모델링 부채를 파악하고 성능에 미칠 잠재적 영향도를 평가하며, 그 영향도를 경감시킬 방안을 고안하는 데 많은 시간을 들여야 한다. 예를 들어, 어떤 특성을 제거하거나 학습 데이터에서 일부 데이터를 표본추출하여 더 낮게 조정된 모델을 만들어낼 수도 있다.

3.5.2 피드백 루프

큰 기업에서는 일반적으로 DevOps 모범 실천 사례에서 라이브 모델의 스코어링 환경과 모델 재학습 환경을 구분하도록 규정한다. 그 결과, 모델의 새 버전을 재학습 환경에서 평가하면 좋지 않은 결과를 얻을 수 있다.

이러한 불확실성을 경감시키기 위한 한 가지 방법으로 섀도우 테스트[shadow test]가 있다. 이 테스트에서는 모델의 새 버전을 기존 모델과 함께 라이브 환경에 배포한다. 그리고 모든 실시간 스코어링은 기존 버전으로 처리하되, 새 버전에서 다시 처리하고 결과를 로그로 남긴다. 하지만 새 버전의 결과는 요청자에게 반환하지 않는다. 양쪽 버전에서 모두 충분히 스코어링하고 나면, 통계적으로 결과를 비교한다. 또한 섀도우 스코어링Shadow Scoring으로 직무 전문가에게 모델의 새 버전에 대한 향상된 가시성을 제공할 수 있고, 더 원활하게 버전 간 전환을 수행할 수 있다.

앞에서 제시한 광고 생성 모델 예의 경우, 최종 사용자가 광고를 클릭하기 전까지는 모델이 선정한 광고가 효과가 있는지 없는지 판단할 수 없다. 이런 경우, 섀도우 테스트는 제한된 효과를 보일 수 있어 A/B 테스트를 하는 게 더 낫다.

A/B 테스트에서는 기존 모델과 새 모델을 모두 라이브 환경에 배포한다. 하지만 입력값인 요청을 두 모델에 나눠서 전달한다. 각 요청은 기존 모델 혹은 새 모델에서 처리하고, 양쪽 모두에서 처리하지는 않는다. 그리고 각각에서 생성한 결과는 분석을 위해 로그에 기록한다. A/B 테스트를 통해 통계적으로 의미 있는 결과를 끌어내기 위해서는 테스트를 신중하게 설계해야 한다.

A/B 테스트 방법은 7장에서 상세히 다루므로 여기서는 맛보기로 간단히 설명하겠다. A/B 테스트의 가장 단순한 형태는 고정된 예측 범위 테스트fixed-horizon test다. 통계적으로 의미 있는 결론에 도달하기 위해서 사전에 주의 깊게 정의한 표본의 수량만큼 테스트되기를 기다리기만 하면 되기 때문이다. 테스트가 완료되기 전에 결과 '엿보기Peeking'로 얻는 정보는 신뢰할 수 없다. 그러나 상용 환경에서 테스트를 수행하는 경우, 잘못된 예측 결과에는 비용이 발생하기 때문에 테스트를 조기에 종료할 수 없다는 제약은 결국 비용 상승으로 이어진다.

베이지안 테스트, 특히 멀티-암드 밴딧Multi-armed Bandit 테스트는 빨리 결론에 도달할 수 있어 흔히 사용하는 고정된 예측 범위 테스트보다 점점 더 많은 인기를 얻고 있다. 멀티-암드 밴딧 테스트는 적응형으로서, 입력값을 전달할 모델을 실제 결과에 따라 조정하여 결정하기 때문에 낮은 성능을 보이는 모델에는 입력값을 덜 전달하게 된다. 멀티-암드 밴딧 테스트는 A/B 테스트에 비해 좀 더 복잡하지만, 성능이 떨어지는 모델로 트래픽을 전달하여 발생하는 비즈니스 비용을 절감할 수 있다.

끝단에서 반복하기

스마트폰이나 센서, 자동차와 같은 수백만 개의 기기에 배포된 머신러닝 모델에 대해 반복해야 하는 경우, 기업의 IT 환경에 또 다른 종류의 도전 과제를 안겨준다. 이를 해결하기 위한 한 가지 방법은 수백만 개의 모델에게서 받은 모든 피드백을 중앙에 모으고, 중앙에서 학습을 수행하는 것이다. 테슬라Tesla의 Autopilot 시스템(*https://oreil.ly/7jWqk*)은 500,000대 이상의 자동차에서 작동하고 있으며, 바로 이 방식을 따르고 있다. 중앙에서 50개 정도의 신경망을 완전히 재학습시키려면 70,000 GPU 시간이 필요하다.

구글^{Google}은 스마트폰 키보드 소프트웨어인 GBoard(*https://oreil.ly/79xaw*)에서 다른 방법을 사용한다. 각 스마트폰에서 로컬로 모델을 재학습시키고 중앙으로는 개선 사항에 대한 요약만 보낸다. 중앙에서는 각 기기로부터 전달받은 개선 사항을 평균하고, 공유하는 모델을 갱신한다. 이 연합형 학습 방식을 통해 개별 사용자의 개인 정보를 중앙에 모으지 않아도 되고, 각 스마트폰에서 개선된 모델을 즉시 사용할 수 있으며, 전체 전력 소비를 낮출 수 있다.

3.6 거버넌스

거버넌스는 비즈니스에 대한 일련의 통제로서, 주주, 직원, 공공 기관, 국가 정부 등 모든 이해관계자에 대한 의무 사항을 수행하는 것이다. 의무 사항으로는 금융·법률·윤리적 의무가 있다. 이 세 가지를 모두 뒷받침하는 것이 바로 공정성에 대한 기본 원칙이다.

법적 의무가 가장 이해하기 쉽다. 머신러닝 분야가 발달하기 오래 전부터 비즈니스는 법적 규제의 대상이었다. 또한 특정 산업만 대상으로 하는 여러 규정이 있다. 예를 들어, 금융 규제는 금융 부정 및 사기로부터 공공 및 거시 경제를 보호하는 것이 목적이며, 제약 산업의 경우 공공의 건강을 보호하는 규정으로 규제되고 있다. 사회의 취약층을 보호하고 성별, 인종, 나이, 종교 등으로 차별받지 않고 공평하게 경쟁하도록 하는 넓은 범위의 법률에 맞춰 비즈니스 관행은 변화해왔다.

최근 각국의 정부는 개인 정보의 남용으로부터 대중을 보호하기 위한 규제를 강화해왔다. 2016년 EU의 개인 정보 보호 기본법^{General Data Protection Regulation}(GDPR)과 2018년 미국 캘리포니아 주의 소비자 개인 정보 보호법^{California Consumer Privacy Act}(CCPA)은 대표적인 사례로서, 이러한 규제는 데이터에 의존할 수밖에 없는 머신러닝에 미치는 영향이 매우 크다. 예를 들어, GDPR에서는 개인에 대한 잠재적 차별을 방지하기 위해 개인 정보가 산업적으로 오남용되지 않도록 강력하게 제약하고 있다.

GDPR 원칙

GDPR은 개인 정보 처리에 대한 원칙을 명시하고 있다. CCPA는 몇 가지 차이가 있으나 GDPR의 원칙들을 상당 부분 차용하고 있다.[6] 개인 정보 처리 범위에는 취득, 저장, 변경, 사용이 모두 포함되며, 원칙은 다음과 같다.

- 적법성, 공정성, 투명성
- 목적 제한
- 데이터 최소화
- 정확도
- 저장 제한
- 무결성, 기밀성(보안)
- 책무(Accountability)

현재 각국 정부에서는 머신러닝을 규제 대상으로 보기 시작했으며, 머신러닝의 부정적 영향을 경감시키는 것을 규제 목표로 하고 있다. 머신러닝 규제는 EU가 앞장서고 있으며, 다양한 형태의 AI 중 허용 가능한 범위를 규정하기 위한 계획을 수립 중이다. 이는 사용 범위를 제약하려는 의도는 아니다. 예를 들어, 현재는 GDPR에 의해 제한되고 있는 얼굴 인식 기술을 유익하게 활용할 수 있도록 하려고 한다. 하지만 머신러닝을 적용하기 위해 여전히 많은 규정을 따라야 한다는 점은 확실하다.

한편, 기업은 공식적인 법적 규제 이상으로 사회에 대한 도덕적 책임에 신경 쓰고 있는가? 그렇다고 답할 수 있는데, 이는 현재 점점 나아지고 있는 ESG^{Environmental, Social and Governance} 성능 지표를 통해 확인할 수 있다. 신뢰는 소비자에게 중요한 가치이므로 기업에 대한 소비자 신뢰가 낮다면 그 기업에 악영향을 미칠 수밖에 없다. 이 주제에 대한 대중의 활동이 증가함에 따라, 기업은 책임 있는 AI, 즉 윤리적이고 투명하며 책임지는 AI 기술 기반 애플리케이션에 관심을 두기 시작했다. 신뢰는 주주들에게도 중요하기 때문에 머신러닝에 의한 리스크의 완전 공개를 추진 중이다.

MLOps에 적절한 거버넌스를 적용하기는 쉽지 않다. 프로세스가 복잡하고, 기술은 모호하며, 데이터에 대한 의존도도 높다. MLOps에서 거버넌스 이니셔티브^{Initiative}는 두 가지 범주 중 하나로 귀결된다.

---

6 GDPR과 CCPA에 대한 설명은 다음을 확인하길 바란다. Comparing privacy laws: GDPR v. CCPA(*https://oreil.ly/zS7o6*).

데이터 거버넌스

데이터의 적절한 사용 및 관리를 보장하는 프레임워크를 의미한다.

프로세스 거버넌스

모든 거버넌스 고려 사항이 머신러닝 모델 생애주기 중 정확한 지점에서 다루어지도록, 완전하고 정확한 기록이 유지되도록 잘 정의된 프로세스를 의미한다.

3.6.1 데이터 거버넌스

데이터 거버넌스Data Governance는 특히 모델 학습에 사용되는 데이터와 관련이 있고, 다음과 같은 질문에 답을 줄 수 있다.

- 데이터의 출처가 어떻게 되는가?
- 원본 데이터는 어떤 사용 약관에 따라 어떻게 수집했는가?
- 데이터가 정확하고 최신인가?
- 사용하면 안 되는 개인 식별 정보나 다른 민감한 데이터가 있는가?

머신러닝 프로젝트에는 보통 데이터 정리, 조합, 변환 단계로 구성된 중요한 파이프라인이 포함된다. 데이터 계보data lineage를 이해하기는 어려운데, 특히 정의된 특성에 이르기까지 그 경로를 파악하기란 대단히 어렵다. 하지만 GDPR 스타일의 규정을 준수하기 위해서는 데이터 계보에 대한 이해가 필수다. 어떻게 개인 식별 정보를 모델 학습 중에 사용하지 않았다고 확신할 수 있을까? 이 문제는 실무 팀뿐만 아니라 상위 조직 및 최상위 경영진에게도 중요하다. 익명화 혹은 유사 익명화가 개인 정보 관리를 위한 완벽한 해결책은 아니다. 그런 방법을 잘못 쓰면, 데이터를 활용하여 개인을 특정할 수 있어, GDPR 요구사항을 위반하게 된다.[7]

데이터 과학자들이 아무리 세심하게 신경 썼더라도 모델이 학습한 부적절한 편견이 불현듯 나타날 수 있다. 유명한 사례가 있다. 머신러닝 기반 채용 모델이 모든 여성 학교를 판별하여 여성을 차별하였는데, 그 이유는 기업 내에서 여성 학교의 위상이 낮았기 때문이다.[8] 그런데 그

---

7 익명화와 유사 익명화, 그것들을 활용하더라도 데이터 프라이버시 문제를 해결하지 못하는 이유에 대해서는 다음을 확인하길 바란다.
Executing Data Privacy–Compliant Data Projects by Dataiku(*https://oreil.ly/bK1Yu*).

8 2018년에 아마존(Amazon)은 여성에 대한 편견이 포함된 AI 채용 도구를 폐기하였다.
Amazon scraps secret AI recruiting tool that showed bias against women(*https://oreil.ly/tI5Sy*).

기업 내에서 위와 같이 여성 학교의 위상이 낮은 이유는 역사적으로 조직 상위를 남성이 지배해왔기 때문이었다. 결국 경험을 바탕으로 예측을 수행하는 기법은 강력하지만, 때로는 비생산적일 뿐만 아니라 불법적이기까지 할 수 있다.

데이터 거버넌스 도구로 이러한 문제를 해결하는 방법은 아직 초기 단계에 머물고 있다. 대다수 도구가 데이터 계보와 관련된 두 가지 질문에 대답하는 데 집중하고 있다.

- 데이터 세트 내의 정보는 어디서 왔고, 사용 방법에 대해 무엇을 알 수 있는가?
- 이 데이터는 어떻게 사용되고 있는가? 어떤 식으로든 수정한다면 이후 어떤 일이 일어날 것인가?

두 질문 모두 현실 세계의 데이터 준비 파이프라인에서 완전하고 정확하게 대답할 수 없다. 예를 들어, 데이터 과학자가 Python 함수를 작성하여 인메모리로 여러 데이터 세트를 입력받아 하나의 데이터 세트로 출력하도록 하였다면, 새로운 데이터 세트 내에 있는 각각의 셀이 어느 정보로부터 도출되었는지 확실하게 설명할 수 있을까?

3.6.2 프로세스 거버넌스

프로세스 거버넌스Process Governance는 MLOps 프로세스 내 각 단계를 공식화하고 관련 작업을 정의하는 데 중점을 둔다. 일반적인 관련 작업으로는 검토, 승인 및 문서화 같은 지원 서류 작성이 있다. 프로세스 거버넌스의 목적은 두 가지다.

- 모든 거버넌스 관련 고려 사항이 정확한 시점에 이루어지고 정확하게 수행되는지 확인한다. 예를 들어, 모델은 모든 유효성 검사를 통과해야만 상용 배포될 수 있다.
- MLOps 프로세스 외부의 감독을 받을 수 있게 한다. 감리인, 리스크 관리자, 규정 준수 책임자를 비롯해 조직 전체가 현황을 추적하고 이후 단계에서 기존 의사결정들을 검토할 수 있는지에 관심을 둔다.

프로세스 거버넌스를 효과적으로 구현하기란 쉽지 않다.

- 머신러닝 모델 생애주기에 대한 공식적 프로세스를 정확히 정의하기가 쉽지 않다. 보통 여러 팀에 걸쳐 전체 프로세스를 나누고, 나누어진 프로세스를 제각각 이해하고 있어, 한 사람이 전체 프로세스를 상세하게 이해하는 경우는 드물다.
- 프로세스를 성공적으로 적용하려면, 모든 팀이 프로세스를 진심으로 받아들일 의지가 있어야 한다.
- 프로세스가 어떤 사례에 있어 너무 복잡하다면, 관련된 팀들은 프로세스를 깨버릴 것이다. 그리고 프로세스를 통해 얻고자 했던 이점 중 상당수를 잃게 될 것이다.

오늘날, 프로세스 거버넌스는 금융 분야와 같이 전통적으로 규제와 규정 준수의 부담을 지고 있던 조직에서 확인할 수 있다. 다른 조직의 경우에는 찾기 힘들다. 머신러닝이 상업적으로 활용되는 사례가 늘고 책임 있는 AI에 대한 관심이 늘고 있어, 모든 비즈니스에서 프로세스 거버넌스를 활용할 수 있는 새롭고 혁신적인 해결책이 필요하다.

3.7 마치며

MLOps에 필요한 특성과 영향을 받는 프로세스를 개괄적으로 살펴본 결과, 이는 데이터 팀 혹은 어떠한 데이터 기반 거대 조직이라도 무시할 수 없는 것이었다. MLOps는 단순히 체크리스트 항목에서 확인해야 할 사항이 아니다. MLOps를 기술, 프로세스, 사람 간의 복합적 상호작용으로서 정확하게 수행하려면 규율과 시간이 필요하다.

이어지는 장들에서는 머신러닝 모델 생애주기의 각 요소에 대해 상세히 살펴보겠다. 또한 이상적인 MLOps를 구현하려면 어떻게 해야하는지도 확인해본다.

PART **2**

MLOps 적용 방법

PART 2

MLOps 적용 방법

CHAPTER 4

모델 개발

MLOps를 진지하게 받아들이려고 한다면 적어도 모델 개발 프로세스를 간략하게나마 이해해야 한다. [그림 4-1]을 보면 큰 범위에서 머신러닝 모델 생애주기를 단계별로 확인할 수 있다. 상황에 따라 모델 개발 프로세스는 매우 간단할 수도 있고 엄청나게 복잡할 수도 있다. 또한 개발 이후에 모델의 사용법, 모니터링, 유지보수에 대한 제약도 천차만별이다.

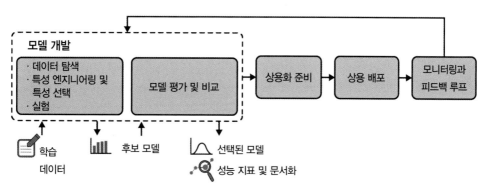

그림 4-1 머신러닝 모델 생애주기 내의 모델 개발

그림을 보면 데이터 수집 프로세스가 모델의 남은 생애주기에 끼치는 영향은 명확하다. 데이터 수집 상태에 따라 모델이 얼마나 쉽게 부실화될 수 있는지 바로 확인할 수 있다. 다른 프로세스는 영향을 덜 끼치는 편이다.

예를 들어, 특성 엔지니어링 및 특성 선택 단계를 보면, 날짜 데이터만 있어 모델에 날짜만 입력하는 경우와 날짜별 공휴일 여부 데이터도 있어 날짜와 공휴일 여부 플래그flag를 같이 입력하는 경우 사이에 성능상으로 큰 차이가 있을 수 있다. 혹은 모델을 평가하고 비교하기 위한 지표에 따라 모델의 버전을 자동으로 변경하며 최고의 모델을 찾아가는 절차는 데이터 수집 프로세스의 수준에 따라 불가능할 수도 있다.

이러한 부분들을 확인하기 위해 이번 장에서는 모델 개발의 기초, 특히 MLOps 관점에서 MLOps 프로세스 전체를 용이하게 진행하기 위한 고려 사항에 맞춰 머신러닝 모델을 개발하는 방법에 대해 살펴본다.

4.1 머신러닝 모델이란?

머신러닝 모델은 학계와 현실 세계(즉, 비즈니스) 양쪽에서 활용된다. 따라서 모델이 이론적으로 표현하고자 한 것과 모델을 실제로 구현한 방법을 구분해야 한다. 3장을 기반으로 양쪽의 관점을 각각 살펴보겠다.

4.1.1 이론적으로는

머신러닝 모델은 현실의 반영이다. 즉, 현실의 물건 혹은 프로세스의 어떤 면모를 부분적으로 혹은 대략적으로 표현한 것이다. 여기서 어떤 면모를 표현할 것인가는 사용 가능성과 유용성에 따라 달라진다. 머신러닝 모델은 학습시키고 나면 수학 공식으로 집약되고, 입력값을 넣으면 결과를 출력한다. 결과의 예시로 어떤 이벤트가 발생할 확률을 추정하거나 원시 값에 대한 추정값을 계산하는 것 등을 들 수 있다.

머신러닝 모델은 통계 이론을 기반으로 하며, 머신러닝 알고리즘은 학습 데이터를 사용해 모델을 구축하는 도구다. 즉, 머신러닝 모델과 알고리즘의 목표는 주어진 데이터로부터 어떤 합성된 표현을 도출하는 것이고, 이때 주어지는 데이터는 수집 시점의 현실 세계를 표현한다. 결국, 머신러닝 모델은 미래가 과거와 유사할 것으로 예상되는 경우에 합성된 표현이 유효하므로 예측에 활용할 수 있다.

> **일반화 능력**
>
> 머신러닝 모델의 입력 데이터가 학습 데이터와 유사한 형태가 아니어도 정확하게 예측하는 능력을 일반화 능력Generalization Capacity이라 한다. 예를 들어, 모델의 학습 데이터 세트가 얼룩말이 아닌 말만 포함하고 있더라도, 모델이 예측 시에 얼룩말을 구분하는 능력이다.[1] 모델에 확률 분포에 따른 예측을 포함하면, 이런 놀라운 일반화 능력을 구현할 수 있다.

머신러닝 모델이 예측하고 일반화generalize하는 방법과 관련하여 흔히 드는 예시는 집값이다. 물론 집값은 매우 많은 요소에 영향을 받기 때문에 정확한 모델을 만들기 어렵다. 하지만 쓸 만한 정도로 근접한 가격은 어렵지 않게 예측할 수 있다. 모델에 대한 입력 데이터는 면적, 침실과 화장실의 수, 건축 연도, 위치 등 직접적으로 연관된 정보일 수도 있고, 주변 환경이나 거래량 같은 간접적인 정보일 수도 있다. 이력 데이터가 충분히 많고 시장 상황이 급변하지 않는다면, 알고리즘을 통해 합리적으로 추정할 수 있는 수식을 만들어낼 수 있다.

자주 사용되는 또 다른 예시로 건강 진단이나 특정 기간 내에 특정 질병이 누군가에게 발병할 것이라는 예측이 있다. 이런 종류의 분류 모델classification model은 어떤 이벤트의 발생 확률을 예측할 수 있고, 예측 결과에 신뢰 구간까지 포함할 수도 있다.

4.1.2 실제로는

모델은 수식을 구성하고 활용하기 위해 필요한 매개변수들의 집합이다. 또한 모델은 보통 무상태적stateless이자 결정론적deterministic이다. 즉, 동일한 입력값을 전달하면 동일한 출력값을 반환한다. 물론 예외적인 경우도 있다. 상세한 내용은 7장의 '온라인 학습' 단락에서 확인한다.

이 매개변수는 대개 최종 수식의 매개변수를 일컫지만, 모델 즉 최종 수식에 입력하기 위해 입력 데이터를 변환해야 하는 경우 그 변환 자체도 매개변수 중 하나로 포함한다. 변환에는 입력값에서 도출한 값뿐만 아니라 파생된 데이터(예를 들어, 분류classification 혹은 결정decision)도 포함한다. 실제 업무에서는 결국 모델이 머신러닝 기반인지 아닌지에 따른 차이가 없다. 모델은 단지 한 번에 한 행씩 입력 데이터를 입력받는 계산용 수학 함수일 뿐이다.

---

1 CycleGAN은 GAN(Generative Adversarial Networks) 모델의 일종으로, 학습 데이터에 서로 다른 도메인 혹은 스타일의 이미지 데이터 쌍이 없더라도 어떤 이미지에서 전혀 다른 도메인 혹은 스타일의 이미지로 변환하는 모델이다. Jun-Yan Zhu, Taesung Park, Phillip Isola and Alexei A. Efros에 의한 최근의 연구를 구현한 것이다(*https://oreil.ly/7A_qd*).

예를 들어, 집값의 사례에서 모든 지역에 대해 정확한 모델을 얻으려고 모든 우편번호에 해당하는 가격 정보를 완전히 모으는 방식은 데이터가 너무 많아 현실적이지 않다. 우편번호 대신 가격에 영향이 큰 파생 데이터를 활용하는 편이 낫다. 예를 들어, 거주자의 평균 수익, 인구 밀도, 편의시설에 대한 접근성 같은 파생 데이터를 활용할 수 있다. 하지만 최종 사용자는 이런 파생 데이터를 직접 입력하지 않고 우편번호를 입력할 것이므로, 우편번호에서 파생 데이터를 도출하는 변환도 가격 예측 모델의 일부가 된다.

출력값 또한 단순한 하나의 숫자가 아닐 수 있다. 예를 들어, 이상 거래 탐지 시스템의 경우 모 아니면 도 형태의 답이 아니라 어떤 확률을 반환할 것이다. 경우에 따라 신뢰 구간도 같이 반환할 수 있다. 사기가 수용 가능한 수준인지 혹은 이후의 검증 결과나 거래 거부에 따른 비용인지를 고려하여 결정한 임곗값에 반환된 확률이 도달하면 사기로 판정할 수도 있다. 그 외에 모델이 추천이나 의사결정을 반환하는 경우도 있다. 즉, 방문객이 최대한 지출하도록 하는 제품이 무엇인지 반환하거나 회복 가능성이 가장 높은 치료 방법을 반환할 수도 있다.

이런 모든 변화과 관련 데이터가 모델의 일부다. 하지만 그렇다고 해서 항상 하나의 패키지에 전부 넣어 단 하나의 아티팩트로 컴파일하지는 않는다. 하나로 묶으면 빠르게 다루기 힘들 수 있고, 어떤 것은 제약이 있어 하나로 묶기 어려울 수도 있다. 예를 들어, 서로 다른 갱신 주기나 외부 소스 의존성 등이 제약이 될 수 있다.

4.1.3 필수 구성 요소

머신러닝 모델을 구축하려면 [표4-1]에서 설명하는 것과 같이 많은 구성 요소가 필요하다.

표 4-1 머신러닝 모델에 필요한 구성 요소

머신러닝 구성 요소	설명
학습 데이터	학습 데이터는 보통 예측하려는 목표에 맞춰 실제 사례들로 레이블링한다(지도 학습(supervised learning)). 당연한 이야기지만, 좋은 학습 데이터가 중요하다. 좋지 않은 데이터에 대한 사례로서, 2차 세계대전 기간에 총격을 받은 비행기 관련 데이터(https://oreil.ly/sssfA)를 들 수 있다. 생존자 편향(survivor bias), 즉 성공한 경우의 데이터만 포함하고 있어 좋지 않은 학습 데이터다.

성능 지표	성능 지표는 개발 중인 모델이 최적화되어야 할 방향이다. 의도치 않은 결과에 도달하지 않도록 신중하게 선택해야 한다. 자칫 코브라 효과(Cobra Effect)(*https://oreil.ly/DYOss*)를 불러올 수 있다(코브라 효과는 유명한 일화로서, 사람들이 코브라 개체 수를 줄이려다 오히려 코브라 수를 늘린 일에서 유래했다).
	예를 들어, 데이터 중 95%가 클래스 A인 경우, 단순히 정확도만 성능 지표로 삼아 최적화하면 언제나 95%의 정확도로 A를 예측할 것이다.
머신러닝 알고리즘	다양한 모델이 존재하고 각각의 모델은 다양한 방법을 사용하며 저마다 장단점이 있다. 알고리즘 중 어떤 것은 특정 작업에 적합하므로, 성능, 안정성, 해석 가능성, 컴퓨팅 비용과 같은 것들 중 무엇을 더 중요하게 보느냐에 따라 선택을 달리할 수 있다.
하이퍼파라미터	하이퍼파라미터는 머신러닝 알고리즘에 대한 설정이다. 알고리즘은 기본적인 공식이고, 학습하는 매개변수는 공식을 구성하는 연산과 피연산자이며, 하이퍼파라미터는 알고리즘이 이 매개변수를 찾는 방법이다.
	예를 들어, 의사결정 트리(데이터가 분기에 도달하면 하위집합에 가장 적합한 예측이 어느 것이냐에 따라 데이터를 둘로 나눔)의 경우 하이퍼파라미터 중 하나가 트리의 깊이, 즉 분기의 개수다.
평가 데이터 세트	레이블링된 데이터 사용 시, 평가 데이터 세트는 학습 데이터와 달라야 하고, 모델이 처음 만나는 데이터에 대해 어떤 성능을 보이는지(즉, 얼마나 일반화되어 있는지)를 평가해야 한다.

각 구성 요소의 목표 값과 복잡함으로 인해 좋은 MLOps를 만들기란 매우 어려운 일이다. 하지만 복잡함은 여기에 그치지 않고 알고리즘으로 인해 가중된다.

4.1.4 머신러닝 알고리즘에 따른 MLOps의 도전 과제

머신러닝 알고리즘들의 공통점은 과거 데이터의 패턴을 모델링하여 추론한다는 점과 이러한 경험의 품질과 연관성이 알고리즘의 효과성을 결정하는 핵심 요소라는 점이다. 다른 점은 각 알고리즘의 스타일에 따라 특정한 성향을 띠며, MLOps에 각기 다른 도전 과제를 제시한다는 점이다. 관련 내용을 [표 4-2]에 요약하였다.

표 4-2 알고리즘 유형에 따른 MLOps 고려 사항

알고리즘 유형	이름	MLOps 고려 사항
선형(Linear)	선형 회귀(Linear regression)	과대적합(Overfitting) 경향이 있다.
	로지스틱 회귀(Logistic regression)	과대적합 경향이 있다.

트리 기반 (Tree-based)	의사결정 트리(Decision tree)	불안정할 수 있다. 데이터에 약간의 변화만 생겨도 최적의 의사결정 트리의 구조에 큰 변화가 생길 수 있다.
	랜덤 포레스트(Random forest)	예측 결과를 이해하기 힘들어, 책임 있는 AI 측면에서는 적합하지 않을 수 있다. 또한 예측 결과 출력이 느릴 수 있어, 모델을 활용하는 애플리케이션에 부담이 될 수 있다.
	그래디언트 부스팅(Gradient boosting)	랜덤 포레스트와 같이, 예측 결과를 이해하기 어려울 수 있다. 또한 특성 혹은 학습 데이터에 약간의 변화만 생겨도 모델에 급격한 변경이 발생할 수 있다.
딥러닝 (Deep learning)	신경망(Neural network)	해석 가능성의 관점에서 딥러닝 모델은 거의 해석이 불가능하다. 신경망을 포함하여 딥러닝 알고리즘은 학습에 엄청나게 많은 시간과 컴퓨팅 파워(그리고 데이터)가 들어간다. 그 정도 자원이 필요할지 혹은 더 간단한 모델로도 목적을 달성할 수 있을지 확인해야 한다.

어떤 머신러닝 알고리즘은 특정 사례에 가장 적합할 수 있으나, 거버넌스를 고려하여 다른 알고리즘을 선택할 수도 있다. 특히, 규제가 심한 환경에서 설명 가능한 의사결정을 내려야 하는 경우, 신경망처럼 불투명한 알고리즘을 선택할 수 없다. 대신 의사결정 트리와 같은 더 간단한 기법을 선호할 수밖에 없다. 또한 많은 경우 성능 관점에서 절충안을 찾기보다 비용 관점에서 절충안을 찾게 된다. 더 간단한 기법을 사용할 경우 더 복잡한 기법과 동일한 수준의 성능을 얻기 위해 수작업으로 특성 엔지니어링을 수행해야 하는 경우가 많아 더 많은 비용이 들어갈 수 있기 때문이다.

컴퓨팅 파워

머신러닝 모델 개발의 구성 요소에 대해 논의할 때, 컴퓨팅 파워Computing Power를 빼놓을 수 없다. 어떤 사람들은 비행기가 인간의 독창성 때문에 날 수 있게 되었다고 말하지만, 많은 양의 연료 덕분이기도 하다. 머신러닝에서도 마찬가지다. 모델 개발도 컴퓨팅 파워에 반비례하여 단축될 수 있다.

20세기 초에 수작업으로 계산하여 만든 선형 회귀 모델부터 최근의 가장 거대한 딥러닝 모델에 이르기까지 새로운 알고리즘은 컴퓨팅 파워를 충분히 확보한 뒤에야 각광을 받았다. 예를 들어, 랜덤 포레스트나 그래디언트 부스팅과 같이 흔히 쓰이는 알고리즘도 20년 전 기준으로 보면 필요한 컴퓨팅 파워가 너무나 컸다.

컴퓨팅 파워가 충분해진 덕택에 머신러닝 모델 개발에 드는 비용이 낮아져 많은 기업이 다양한 분야에서 머신러닝 모델을 활용할 수 있게 되었다. 물론 데이터에 드는 비용도 줄어들기는 했지만, 데이터 비용은 머신러닝 모델의 저변 확대에 있어 첫 번째 요인이라 할 수 없다. 극히 일부 알고리즘만 빅데이터를 활용하고 있다. 여전히 대다수 모델은 많은 데이터를 필요로 하지 않아, 모든 학습 데이터를 메모리에 모두 적재한 채로도 작동 가능하다.

4.2 데이터 탐색

데이터 과학자나 분석가가 모델을 학습시키기 위한 데이터 소스를 검토할 때, 우선 데이터 형태를 확인해야 한다. 아무리 좋은 알고리즘을 사용하는 모델이라 해도 모델의 성능은 학습 데이터에 달려 있다. 이 단계에서 나타나는 많은 이슈로 인해 전체 데이터 혹은 데이터의 일부를 쓸 수 없게 될 수 있다. 예를 들어, 데이터의 불완전성, 부정확성, 불일치 등이 이슈가 될 수 있다.

다음은 데이터 탐색 과정의 예다.

- 데이터를 어떻게 수집했는지, 어떤 가정을 포함하는지를 문서화함
- 데이터 통계에 대한 요약 확인하기: 각 열은 어떤 영역에 속하는가? 값이 누락된 행이 있는가? 명백한 실수가 있는가? 정상적이지 않은 특잇값이 있는가? 특잇값이 전혀 없는가?
- 데이터의 분포를 상세히 확인함
- 정리, 채움, 변경, 필터링, 자르기, 표본추출 등
- 서로 다른 열 간 상관관계 확인, 일부 하위집합에 대한 통계적 테스트 수행, 분포 곡선 보간
- 데이터를 문헌상의 다른 데이터 혹은 모델과 비교하기: 없는 정보가 있는가? 데이터가 비슷하게 분산되어 있는가?

물론 이러한 탐색 과정에서 정보에 입각한 의사결정을 내리기 위해서는 비즈니스 영역에 대한 지식이 필요하다. 특정한 부분에 대한 통찰 없이는 데이터에서 특이 사항을 찾지 못할 수 있고, 어떤 가정들을 바탕으로 내린 결론에 대해서는 학습되지 않은 관점에서 이해하기 어려울 수 있다. 산업용 센서 데이터가 좋은 예시가 될 수 있다. 데이터 과학자가 기계공학 분야 엔지니어나 기기 전문가가 아닌 이상, 어떤 기계에서 측정되는 값들을 정상값과 특잇값으로 구분할 수 없다.

4.3 특성 엔지니어링 및 특성 선택

특성은 데이터가 모델에 표현되는 방식으로, 모델 자체로는 추론할 수 없는 것들에 대한 정보를 전달한다. 다음 표는 특성 엔지니어링 방법의 예시다.

표 4-3 특성 엔지니어링 범주별 방법

특성 엔지니어링 범주	설명
파생(Derivatives)	기존 정보에서 새로운 정보를 추론한다. 예: 이 날짜는 어떤 요일인가?
보강(Enrichment)	새 외부 정보를 추가한다. 예: 이 날짜는 공휴일인가?
인코딩(Encoding)	동일한 정보를 다르게 표현한다. 예: 요일과 주중 혹은 주말 구분
조합(Combination)	특성들을 모아서 연결한다. 예: 백로그의 크기를 백로그 내 항목들의 복잡도에 따라 가중치를 두어 보정해야 할 수 있다.

예를 들어, 최근의 백로그를 기반으로 비즈니스 프로세스의 소요 기간을 예측하고자 할 때, 모델에 입력된 값 중 하나가 날짜라면, 그 날짜에서 어떤 요일인지 혹은 다음 공휴일까지 얼마나 남았는지 계산하는 일은 정말 흔한 일이다. 거기에 더해 비즈니스를 시간대timezone가 다른 여러 지역에서 전개하고 있다면, 날짜 정보는 매우 중요할 것이다.

다른 예를 들어보자. 앞에서 들었던 집값 예측 예시를 보자면, 평균 수익과 인구 밀도를 사용했을 때 단순히 지역, 즉 우편번호 기준만으로 세분화할 때보다 모델을 더 일반화할 수 있다.

4.3.1 특성 엔지니어링 기법

시장에는 공공 기관과 기업이 공유하는 공개된 데이터를 한참 넘어서는 보완 데이터가 존재한다. 일부 서비스를 활용하면 데이터를 직접적으로 보강할 수도 있어 많은 시간과 노력을 아낄 수 있다.

하지만 데이터 과학자가 모델 개발에 필요한 정보를 얻을 수 없는 경우도 많다. 이런 경우에 대응하기 위한 여러 가지 기법이 있다. 그중 임팩트 코딩impact coding은 데이터 과학자가 어떤 양상modality[2]을 해당 양상의 평균값으로 대체하는 기법으로, 이 기법을 활용하여 모델의 특성attribute을 특성의 평균값으로 대체하고 유사 범위 내의 데이터를 활용할 수 있도록 할 수 있다. 대신 일부 정보는 손실된다.

궁극적으로 대다수 머신러닝 알고리즘은 숫자로 이루어진 행렬을 입력받아야 하고, 각 행은 하나의 표본을 의미하며, 모든 표본은 동일한 표본 집합에서 추출한다. 입력값이 행렬 형태가 아닌 경우, 데이터 과학자는 이를 변환하기 위한 방법을 사용할 수도 있다.

가장 일반적인 방법은 원-핫 인코딩one-hot encoding이다. 예를 들어, 세 종류의 값(예: 라즈베리, 블루베리, 스트로베리)을 3개의 특성으로 나누어 각 특성이 두 가지 값인 yes 혹은 no를 가지도록 할 수 있다(예: 라즈베리인가-yes/no, 블루베리인가-yes/no, 스트로베리인가-yes/no).

텍스트나 이미지 입력의 경우에는 더 복잡한 엔지니어링을 필요로 한다. 최근 딥러닝으로 인해 이 분야에 혁신이 일어나, 이미지와 텍스트를 머신러닝 알고리즘에서 활용 가능한 숫자로 이루어진 행렬로 변환할 수 있는 모델들이 개발되었다. 이런 행렬을 임베딩embedding이라 부른다. 임베딩은 학습되지 않은 영역에서도 활용 가능하기 때문에, 데이터 과학자들은 임베딩을 활용하여 전이 학습을 수행할 수 있다.

전이 학습

전이 학습Transfer Learning은 어떤 문제를 해결하기 위해 취합한 정보를 다른 문제를 해결할 때도 활용하는 기법이다. 전이 학습을 활용하면 두 번째 혹은 후속 작업의 학습을 크게 가속할 수 있다. 딥러닝 분야에서는 모델 학습에 엄청나게 많은 자원이 들어가기 때문에 전이 학습이 매우 각광받고 있다.

예를 들어, 포크 이미지가 전혀 들어 있지 않은 이미지들로 학습한 딥러닝 모델에서 임베딩을 활용하여 포크를 찾아내는 모델을 만들 수 있다. 포크도 개체 중 하나이므로 전이 학습을 통해 인간이 만든 유사한 개체를 판별할 수 있기 때문이다.

---

2 옮긴이_ 양상은 특정 자원으로부터 수집된 데이터 표현 형식(Multimodal data : 다양한 자원으로부터 수집된 데이터가 하나의 정보를 표현)이다.

4.3.2 특성 선택이 MLOps 전략에 미치는 영향

특성 생성과 선택 단계에서는 특성을 얼마나 많이 만들고 언제 종료할지를 지속적으로 판단하고 결정해야 한다. 특성을 추가할수록 모델은 더 정확해지고, 세부 그룹으로 분할해도 공정성을 보장할 수 있으며, 누락된 유용한 정보를 보완할 수 있다. 하지만 아래와 같이 MLOps 전략에 심각한 영향을 끼칠 수 있다.

- 모델에 필요한 컴퓨팅 비용이 점점 올라간다.
- 특성이 많아질수록 입력값과 유지보수가 더 많이 필요하다.
- 특성이 많아질수록 안정성이 떨어질 수 있다.
- 특성의 개수가 늘어나면 개인 정보 보호 이슈가 발생할 가능성도 증가한다.

자동화된 특성 선택을 활용하면 특성이 모델의 예측 성능에 얼마나 중요한지 추정하는 데 도움이 된다. 예를 들어, 대상 변수와의 상관관계를 확인할 수도 있고 데이터 중 대표적인 하위 집합에 대해 간단한 모델을 빠르게 학습시킨 후 어떤 특성이 가장 좋은 예측을 보일지 확인할 수 있다.

어떤 입력값을 사용할지, 그 값을 어떻게 인코딩할지, 어떻게 값들 간에 상호작용 혹은 간섭을 줄지 등의 결정은 머신러닝 알고리즘의 내부 작동 방식을 이해해야만 내릴 수 있다. 좋은 소식은 이 중 일부를 자동화할 수 있다는 것이다. 예를 들어, Auto-sklearn 혹은 AutoML 애플리케이션과 같은 도구를 사용하면 된다. 이런 도구들은 어떤 대상과 관련된 특성을 상호 조합하여 어떤 특성, 파생, 조합이 가장 좋은 결과를 보이는지 예측할 수 있고, 그 과정에서 필요 없는 특성을 제외하는 등의 작업을 수월하게 할 수 있다.

그 외의 방법들에는 여전히 사람의 관여가 필요하다. 모델을 개선할 만한 추가 정보를 수집할지 말지와 같은 결정이 그 예다. 비즈니스 친화적 특성을 구축하는 데 충분한 시간을 들이면 최종 성능을 개선할 수 있고 모델에 대한 설명도 명확해지므로, 최종 사용자는 채택 여부를 용이하게 결정할 수 있다. 또한 데이터 과학자들이 주요한 예측 요인을 이해할 수 있고 모델이 견고하다고 확신할 수 있어 모델 부채^{modeling dept}가 줄어들 수 있다. 물론 모델을 이해하는 데 시간을 들이면 예측 정확도 및 모델의 리스크에 들이는 시간은 줄어들므로 절충점이 필요하다.

결론적으로, 모델을 구축할 때 특성 엔지니어링 및 특성 선택 과정이란 머신러닝 모델의 다른 구성 요소와 마찬가지로 MLOps 구성 요소와 성능 사이의 미묘한 균형을 찾는 것이다.

4.4 실험

실험은 모델 개발 프로세스 전체에 걸쳐 수행된다. 보통 모든 중요한 결정이나 가정을 증명하기 위한 실험 혹은 연구를 기반으로 한다. 실험은 완전한 머신러닝 예측 모델 구축에서부터 통계적 테스트 혹은 데이터 도표 작성에 이르기까지 다양한 형태를 취할 수 있다. 실험 목표는 다음과 같다.

- [표 4-1]에 설명된 요소를 바탕으로, 모델을 얼마나 유용하게 혹은 얼마나 좋게 구축할 수 있는지 평가하기 다음 절에서 모델 평가 및 비교에 대해 자세히 다루겠다.
- 모델에 가장 좋은 매개변수 찾기(알고리즘, 하이퍼파라미터, 특성 전처리 등)
- '최선'이라고 정의한 수준에 적합하게, 주어진 학습 비용에 맞도록 편향(Bias)과 분산(Variance)을 절충하여 조정(tuning)하기
- 모델 개선과 컴퓨팅 비용 개선 사이의 균형 찾기
  (언제 어디서나 개선의 여지는 있는데, 얼마나 좋아야 충분히 좋은 것일까?)

> **편향과 분산**
>
> 편향도 높은 모델(과소적합^{Underfitting})은 학습 데이터에서 학습할 수 있는 규칙 중 일부를 찾아내지 못할 수 있다. 이는 모델을 지나치게 단순화하는 축소 지향적 가정 때문에 발생한다.
>
> 반면 분산도 높은 모델(과대적합^{Overfitting})은 노이즈에서도 패턴을 찾고 모든 변화를 예측하려고 한다. 따라서 모델이 너무 복잡하여 학습 데이터와 조금이라도 다르면 예측에 실패할 수 있다.

실험할 때, 데이터 과학자는 [표 4-1]에 설명된 모델 구성 요소에서 일어날 수 있는 모든 일을 빠르고 반복적으로 검토할 수 있어야 한다. 다행히도 이를 반자동으로 수행할 수 있는 도구가 있다. 사전 지식과 제약(예를 들어, 컴퓨팅 자원, 예산)에 따라 무엇을 테스트할지(발생 가능 영역을 지정한다) 정하면 된다.

어떤 도구는 더 고도화된 자동화도 지원하는데, 계층화된 모델 학습 기능이 그 예다. 예를 들어, 사업부에서 제품 재고 최적화를 위해 고객의 요구를 예측하려고 한다고 하자. 하지만 고객 행동은 매장마다 다를 것이다. 계층화된 모델을 개발하게 되면 매장마다 모델을 개발하므로, 전체 매장을 예측하는 모델보다 각 매장에 대한 예측을 더 정확히 수행할 수 있을 것이다.

모든 하이퍼파라미터, 특성 등에 대한 조합 전체를 빠르게 추적할 수는 없다. 따라서 실험에 대한 시간 및 컴퓨팅 예산을 정하고 모델의 유용성에 대한 수용 수준을 정의하는 편이 낫다. 이에 대해서는 다음 절에서 상세히 다룬다.

특히, 상황에 어떤 변화라도 생기면 이 절차의 전체 혹은 일부를 항상 반복해야 할 수 있다. 데이터 혹은 문제 제약사항이 유의미하게 변경되는 경우이며, 이와 관련한 상세 내용은 7.3절에서 다룬다. 이 말은 결국 데이터 과학자가 모델을 구축하기 위해 내린 최종 결정뿐만 아니라 모델 구축 과정에서 설정한 모든 가정과 내린 결론을 뒷받침하는 모든 실험을 다시 수행하고 검토해야 함을 의미한다.

다행히도, 데이터 사이언스와 머신러닝 플랫폼이 발달함에 따라 첫 번째 수행 시에만 이러한 절차들을 자동화하는 것이 아니라 모델 구축 과정 전체에 걸쳐 반복적으로 수행할 수 있도록 자동화할 수 있다. 플랫폼 중 일부는 버전 관리도 가능하여, 실험적 분기^{branch}를 분리^{spin-off}하여 이론에 대한 실험 및 병합, 폐기, 유지도 가능하다. 이와 관련된 내용은 4.6절에서 확인한다.

4.5 모델 평가 및 비교

조지 E. P. 박스라는 20세기 영국 통계학자는 모든 모델은 틀렸고 일부만 유용할 뿐이라고 이야기했다. 달리 표현하면, 모델이 완벽할 필요는 없지만 불쾌한 골짜기uncanny valley를 바라보면서 '유용할 정도로는 좋음'이라는 문턱을 넘을 정도는 돼야 한다. 불쾌한 골짜기는 모델이 대부분 잘 작동하고 있는 것으로 보이지만, 특정 사례의 하위집합에 대해서는 나쁜(혹은 치명적인) 결과를 보이는 것을 의미한다.

이를 염두에 둔 상태에서 모델을 평가하고, 기존 모델이든 규칙 기반 프로세스든 해당 모델 이전에 존재했던 것과 비교하는 것이 중요하다. 그래야만 현재의 모델 혹은 의사결정 프로세스가 새로운 모델로 대체될 경우 어떤 일이 일어날지 알 수 있다.

절대적인 성능을 보이지만 기술적으로 실망스러운 모델이라 할지라도 기존 상황을 개선하는 데 도움이 될 수 있다. 예를 들어, 특정 상품 혹은 서비스에 국한하여 약간이라도 더 정확하게 수요를 예측할 수 있다면 엄청난 비용 절감 효과를 얻을 수 있다.

반대로, 모델이 지표상으로 완벽한 결과를 보이면 오히려 의심스러울 수 있다. 왜냐하면 대다수 문제에는 예측할 수 없을 만큼 적더라도 노이즈가 포함되어 있을 수 있기 때문이다. 지표상으로 완벽하거나 거의 완벽하다는 것은 데이터에 문제가 있거나(예측해야 하는 대상이 이미 학습 데이터에 들어 있거나, 입력값의 특성이 대상과 밀접하게 연관되어 사실상 학습 데이터에 포함한 것과 같은 경우) 모델이 학습 데이터에 과대적합되어 일반화할 수 없기 때문에 나타난 결과일 수 있다.

4.5.1 평가 지표 선택하기

주어진 문제에 대해 여러 모델을 평가하고 비교하기에 적절한 지표를 선택하다보면 완전히 다른 종류의 모델로 넘어갈 수 있다([표 4-1]에서 언급한 코브라 효과를 기억하자). 간단한 예를 살펴보자. 정확도Accuracy는 자동화된 분류 문제의 분류 기준으로 흔히 사용하지만, 유형이 편중된 경우에는 평가 지표로서 적합하지 않을 수 있다(예를 들어, 결과 중 하나가 다른 결과와 크게 다른 경우). 이진 분류 문제에서 양성 유형이 드물어 5%만 차지하는 경우, 모델은 음성 유형을 정확도 95%로 예측할 수 있지만 실제로는 쓸모가 없다.

안타깝게도, 모든 경우에 적합한 지표는 없다. 그 문제에 적합한 지표를 선택해야 한다. 즉, 지표가 보이는 수학적 관점의 한계와 타협점, 모델의 최적화에 끼치는 비즈니스 관점의 영향 등을 파악하여 선택해야 한다.

모델이 얼마나 일반화되었는지 확인하려면 모델 학습에 사용하지 않은 데이터(보류 데이터 세트holdout dataset)를 기반으로 지표를 확인해야 한다. 이런 방법을 교차 테스트Cross-testing라 부른다. 평가를 위해 일부 데이터를 보관하고, 나머지는 학습 혹은 최적화(지표 평가 혹은 하이퍼파라미터 최적화 등) 단계에서 사용한다. 이처럼 단순한 분리 외에도 여러 가지 전략이 있다. 예를 들어, K-분할 교차 검증K-fold cross-validation의 경우, 데이터 과학자는 여러 번에 걸쳐 평가 및 학습을 진행하기 위해 데이터를 여러 번 분할한다. 이 경우 학습 시간은 늘어나지만 지표의 안정성에 도움이 될 수 있다.

단순 분할의 경우, 보류 데이터 세트를 구성할 때 임의로 선택한 데이터가 아닌 가장 최신 데이터를 사용할 수 있다. 사실 모델은 미래를 예측하는 데 쓰는 경우가 많으므로, 가장 최신 데이터를 기반으로 검증하면 모델의 성능에 대해 더 현실적인 추정을 할 수 있다. 거기에 더해, 학습 데이터 세트와 보류 데이터 세트 간에 비교하여 데이터가 드리프트했는지도 검증할 수 있다. 이와 관련한 상세 내용은 7.3절에서 다룬다.

[그림 4-2]는 모델 평가를 위한 데이터 세트 분리 예시다. 회색으로 표시한 부분이 테스트 데이터 세트이며, 이후의 평가에서 사용하기 위해 보류 처리되어 있다. 나머지 데이터를 세 부분으로 나누고, 세 부분을 각각 학습 데이터로 쓸지(검정색) 성능 검증 데이터로 쓸지(흰색) 지정하여 세 가지 조합(1폴드, 2폴드, 3폴드)을 만들고, 세 가지 조합 모두에서 가장 나은 성능을 보이는 하이퍼파라미터 조합을 찾는다. 회색 부분은 최선의 하이퍼파라미터 조합을 테스트할 때 사용한다.

3-폴드 교차 검증

그림 4-2 모델 평가를 위한 데이터 세트 분리에 대한 예시

상당수 사례에서 데이터 과학자는 주기적으로 알고리즘, 하이퍼파라미터, 특성 등을 모두 유지한 채 학습 데이터만 최신 데이터로 변경하여 모델을 재학습시킨다. 학습을 완료한 후에는 자연스럽게 모델의 기존 버전과 새로 학습시킨 버전을 비교하여 새 버전을 검증한다. 그런데 이를 위해서는 모델의 기존 버전 혹은 최초 버전을 구축 시 세웠던 가정들이 여전히 모두 유효한지 확인해야 한다. 즉, 문제가 근본적으로 변화했는지, 이전에 선택한 결정들이 여전히 적합한지 등을 확인한다. 이는 성능 및 드리프트 모니터링과 관련된 주제로서 자세한 내용은 7장에서 살펴보겠다.

4.5.2 모델 작동의 교차 확인

모델 검증 시, 지표뿐만 아니라 모델이 어떻게 작동할지 이해하는 것도 중요하다. 모델의 예측prediction, 의사결정decision, 분류classification가 미치는 영향도에 따라 필요한 이해 수준에도 차이가 난다. 따라서 데이터 과학자는 적절한 절차를 수행하여 영향도를 파악해서, 모델을 상용 배포한 후 비즈니스에 해를 끼치는 상황이 발생하지 않도록 해야 한다. 예를 들어, 의사 진단의 필요성 여부를 예측하는 모델이 모든 환자가 의사에게 진료를 받아야 한다고 예측했다면, 이는 위급한 환자에 대한 예측 여부라는 단순한 기준으로 볼 땐 성공적이지만 리소스 투입 수준을 고려하면 과다하여 현실성이 떨어진다.

다음은 적절한 절차에 대한 예시다.

- (모델을 최적화할 때 기준으로 삼은 지표 외에) 다양한 지표를 교차 확인(Cross-Checking)한다.
- 모델에 여러 가지 입력값을 넣어 어떻게 반응하는지 확인한다. 예를 들어, 여러 가지 입력값들을 넣어본 후 예측의 평균값 혹은 분류의 유형별 확률을 도식화하고 특잇값이나 극단적 변동이 있는지 확인한다.
- 특정 차원을 여러 하위집단으로 분할하고 하위집단 간에 행태와 지표에서 차이가 있는지 확인한다.
  (예: 남녀 간에 착오율이 동일한가?)

이런 종류의 전반적 분석 결과는 인과관계를 의미하지 않으며, 연관성이 있다는 정도로 이해해야 한다. 어떤 변수들과 결과 사이에 특정한 인과관계가 반드시 존재한다고 말할 수 없기 때문이다. 단지 모델에 변수 간 관계가 끼치는 영향 정도만 보여줄 뿐이다. 즉, 모델 사용 시 what-if 분석을 같이 해야 한다. 어떤 특성 값 하나가 변경되는 경우, 그 특성 값이 학습 데이터 세트에 없던 것이거나 다른 특성들과 조합된 상태로 데이터 세트에 존재하지 않았다면 모델의 예측 결과가 틀릴 수 있다.

모델을 비교할 때 데이터 과학자가 차이점을 확인할 수 있도록 하여, 한 가지 지표만 확인하기보다는 더 심층적으로 분석할 수 있도록 해야 한다. 즉, 완전한 환경(인터랙티브 도구, 데이터 등)을 제공하여 모든 모델을 확인할 수 있도록 하고, 궁극적으로는 모델의 모든 측면 혹은 모든 구성 요소를 비교 분석할 수 있도록 해야 한다. 예를 들어, 드리프트의 경우에는 설정을 동일하게 유지한 채 서로 다른 데이터를 활용하여 비교 분석할 수 있고, 모델 성능을 확인할 때는 데이터는 동일하게 유지한 채 여러 설정을 비교해볼 수 있다.

4.5.3 책임 있는 AI가 모델에 주는 영향

상황에 따라(때로는 산업이나 비즈니스 분야에 따라), 데이터 과학자는 모델 작동에 대한 포괄적인 이해를 바탕으로 모델의 개별적 예측 결과를 설명할 수 있어야 할 수 있다. 여기에는 어떤 특성들이 어떤 방향으로 예측을 유도했는지도 포함한다. 때로는 특정 경우에 대한 예측이 평균적인 결과와 크게 다를 수도 있다. 개별적 예측에 대한 설명을 확인할 때 가장 각광받는 방법은 샤플리 값Shapley Value(가능한 모든 조합에 나타난 특성의 평균적 이익 기여도)과 개별 조건부 기대치Individual Conditional Expectation(ICE) 계산이다. 이를 활용하면 타깃 함수와 특성 간 의존성을 확인할 수 있다.

예를 들어, 특정 호르몬의 측정 수준에 따라 모델이 어떤 사람의 건강에 문제가 있는지 예측하는 경우가 일반적이지만, 임산부의 경우에는 예외적으로 그 특정 호르몬의 수준에 따라 해당 모델이 임산부가 위험하지 않다고 추론할 수도 있다. 이와 별개로, 어떤 법적 체계에서는 모델이 내린 의사결정에 대해 일정 수준의 설명 가능성을 요구할 수도 있다. 이러한 의사결정의 예로 대출 거부 권고를 들 수 있는데, 관련 내용은 8.6.2절에서 상세히 설명한다.

설명 가능성의 개념은 여러 관점을 담고 있다. 특히, 딥러닝의 경우 때로는 블랙박스 모델로 불리는데, 이는 복잡성 때문이다. 모델의 계수만 보면 완전히 명확해 보일 수 있고 개념적으로는 상당히 간단한 수식이지만, 너무 거대하여 직관적으로 파악하기 힘들다. 물론 전역과 부분 모두의 관점에서 설명해주는 도구들, 예를 들어 부분 의존도 도식이나 샤플리 값 계산과 같은 것을 활용하면 일부 통찰을 얻을 수도 있으나 단언컨대 모델을 직관적으로 만들 수는 없다. 모델이 정확히 무엇을 하는지에 대해 분명하면서도 직관적으로 이해하고 이를 다른 사람에게 설명하려면 모델의 복잡도를 제한해야 한다.

공정성fairness에 대한 요구사항으로 인해 모델을 개발할 때 수치적 제약이 있을 수 있다. 편향과 관련하여 무엇이 중요한지 이해하기 위해 다음 예시를 살펴보자. 미국에 기반을 둔 어떤 조직이 정기적으로 동일한 유형의 업무를 하는 사람들을 고용한다. 데이터 과학자는 다양한 특성에 따라 노동자의 성과를 예측하는 모델을 학습시켰고, 조직에서는 그 모델을 통해 높은 생산성을 보일 것으로 예측되는 사람들을 뽑았다.

이 문제는 얼핏 단순해 보이지만, 안타깝게도 함정이 들어 있다. 이 문제를 현실 세계의 복잡성과 여러 문제에서 분리하기 위해 가설을 세워보자. 모든 직원은 2개의 집단, 즉 위퀘이 족과 토그루타 족 중 하나에 속한다고 하자.

이 가상의 예시에서 훨씬 많은 수의 위퀘이 족이 대학에 다닌다고 하자. 그러면 처음부터 위퀘이 족을 선호하는 편향성이 생길 것이다(다년 간의 경험으로 인해, 위퀘이 족의 능력이 더 높을 수 있다는 사실로 인한 편향성이다).

결국, 지원자 모수에 토그루타 족보다 위퀘이 족이 더 많을 뿐만 아니라 위퀘이 족이 더 잘 준비되어 있을 수 있다. 고용주가 다음 달에 10명을 뽑아야 한다면, 무엇을 해야 할까?

- 공정한 기회를 부여해야 할 고용주로서, 채용 과정의 공정성을 보장해야 한다. 수학적으로 얘기하자면, 각 지원자에게 공정하고 모든 것을 공정하게 처리하기 위해서는 고용 여부가 소속 집단(여기서는 위퀘이 족과 토그루타 족)에 영향을 받아서는 안 된다. 하지만 위퀘이 족이 더 잘 준비되어 있기 때문에 이미 편향성이 내포된 상태다. 여기서 '모든 것을 공정하게'라는 말은 여러 방향으로 해석될 수 있으나, 일반적으로 조직은 통제할 수 없는 과정까지 고려하지 않는다.
- 고용주는 이질적인 영향을 미치는 고용 관행, 즉 한 그룹이 다른 그룹에 비해 더 부정적인 영향을 받는 고용 관행을 피해야 할 수도 있다. 이질적인 영향 여부는 개인이 아닌 하위집단에 대해 평가로 진행한다. 즉, 비율로 얘기하자면 위퀘이 족이 뽑히는 비율과 토그루타 족이 뽑히는 비율이 동등한지 검증해야 한다. 목표 비율은 지원자 집단 내의 비율 혹은 전체 인구 내의 비율과 같아야 할 텐데, 여기서는 전자가 좀 더 적절할 것이다. 하지만 조직은 통제할 수 없는 프로세스상의 편향성에 대해서는 책임지지 않는다.

이 두 가지 목표는 상호 배타적이다. 이 시나리오에 따라 동등한 기회를 부여하려면 위퀘이 족은 60% 혹은 그 이상, 토그루타 족은 40% 혹은 그 이하로 뽑아야 한다. 즉, 결과적으로 고용 비율이 다르므로 두 집단에 이질적인 영향을 끼친다고 할 수 있다.

반대로, 이질적인 영향이 없도록 채용 프로세스를 수정하여 뽑힌 사람 중 40%가 토그루타 족이 된다면, 위퀘이 족 지원자 중 떨어진 사람들 가운데 일부는 토그루타 족 합격자 중 일부보다 더 자격을 갖추고 있는 사람으로 모델이 예측할 것이다. 즉, 동등한 기회를 부여한 것이 아니게 된다.

절충안으로서 80%의 법칙을 적용하는 것이 좋다. 이번 예시에 적용하자면, 토그루타 족 채용 비율을 위퀘이 족 채용 비율의 80% 수준보다 크거나 같게 하는 것이다. 즉, 위퀘이 족은 65% 정도까지 뽑으면 괜찮다.

여기서 중요한 점은 이러한 목표를 데이터 과학자 홀로 결정할 수 없다는 점이다. 게다가 목표를 설정한다 하더라도 구현 자체에 문제가 생길 수 있다.

- 어떠한 징후도 없이, 데이터 과학자는 자연스럽게 동등한 기회를 부여하는 모델을 구축하려 애쓰는데, 이는 그것이 세상의 법칙이기도 하기 때문이다. 또한 데이터 과학자가 사용하는 대부분의 도구는 동등한 기회를 달성하고자 하는데, 동등한 기회가 수학적으로 가장 적절한 방향이기 때문이다. 하지만 이 목표를 달성하는 몇 가지 방법은 불법일 수 있다. 예를 들어, 데이터 과학자가 2개의 독립적인 모델을 선정할 수 있다. 하나는 위퀘이 족을 위한 것이고 다른 하나는 토그루타 족을 위한 것이다. 이는 위퀘이 족을 과도하게 대표하는 데이터 세트로 인한 편향성을 해소할 적절한 방법일 수 있다. 하지만 이 방법은 두 집단을 차별하는 것으로 보일 수 있는 부적절한 방법이다.
- 데이터 과학자가 설계된 대로 도구를 사용하도록 하려면, 즉 현실 세계를 있는 그대로 모델링하려면, 예측 결과를 후처리하여 조직의 비전과 일치하도록 해야 한다. 가장 간단한 방법은 토그루타 족보다 위퀘이 족에 대해 더 높은 임곗값(threshold)을 설정하는 것이다. 임곗값의 차이로 '동등한 기회'와 '동등한 영향' 간의 절충점을 찾을 수 있다. 하지만 이러한 차이를 준 것 때문에 여전히 차별로 보일 수 있다.

데이터 과학자는 단독으로 이 문제를 해결할 수 없을 것이다. 이 주제에 대한 자세한 내용은 8.6절에서 확인하자. 앞에서는 간단한 예시를 통해 문제의 복잡성을 확인했지만, 만약 더 많은 속성을 보호해야 한다면 문제가 더 복잡해졌을 것이다. 또한 편향성은 대부분의 경우 기술적인 문제가 아니라 비즈니스 문제다.

따라서 해결 방법은 상황에 크게 좌우된다. 위퀘이 족과 토그루타 족의 예는 권한 부여 프로세스에 대한 문제다. 이상 거래 예측과 같이 사용자에 대해 부정적인 영향을 미치는 건이나 질병 예측과 같이 중립적인 문제의 경우와는 상황이 다르다.

4.6 버전 관리 및 재현 가능성

모델 평가 및 비교에 대해 논할 때 버전 관리와 여러 버전의 재현 가능성reproducibility을 다룰 수밖에 없다. 데이터 과학자가 모델의 여러가지 버전을 개발하고 테스트하고 이를 반복 수행interating하기 위해서는 모든 버전을 보유해야 한다.

버전 관리와 재현 가능성은 두 가지 요구사항을 해결한다.

- 실험 단계에서, 데이터 과학자는 여러 가지 결정 사이에서 오락가락할 수밖에 없고, 여러 가지 조합을 테스트하여 좋은 결과가 도출되지 않으면 되돌리는 작업을 반복한다. 이는 테스트상의 다른 '분기'로 돌아가는 기능이 필요하다는 의미다. 예를 들어, 실험이 막다른 곳에 몰리면 이전 상태로 돌아가는 것이다.
- 데이터 과학자나 다른 관련자들(감리인, 관리자 등)은 첫 번째 실험을 하고 난 뒤 수 년 동안 모델 배포까지 포함하는 실험과 관련된 모든 과정을 재현해서 감사 팀에 제공해야 할 수도 있다.

버전 관리는 모든 것이 코드 기반으로 이루어진 경우 어느 정도 해결 가능하고, 소스 버전 관리 기술을 사용하면 된다. 현대적 데이터 처리 플랫폼에서는 보통 데이터 전환 파이프라인이나 모델 설정 등에 대해서도 유사한 버전 관리 기능을 제공한다. 코드를 병합하는 것보다 여러 부분을 병합하는 절차가 더 복잡하여 소스 버전 관리 기술로 해결하지 못할 것으로 보일 수도 있지만, 단지 다른 분기로부터 설정을 복사하여 활용하는 정도라면 특정 실험으로 되돌아가기만 하면 되므로 문제없다.

모델의 중요한 속성 중 하나는 재현 가능성이다. 수많은 실험과 조정을 통해 데이터 과학자는 적합한 모델에 도달했을 수 있다. 그 이후에 운영화하기 위해서는 다른 환경에서 재현 가능해야 할 뿐만 아니라, 머신러닝 모델 생애주기상의 여러 시작 시점에서도 재현이 가능해야 한다. 이러한 반복 가능성으로 인해 디버깅도 훨씬 쉬워진다. 이를 위해 다음과 같이 모델의 모든 측면을 문서화하고 재사용 가능하도록 해야 한다.

가정Assumption

데이터 과학자가 문제, 범위, 데이터 등에 대한 결정을 내리고 가정을 세울 때는 모두 명시적으로 기록하여 이후의 다른 정보들과 함께 검토할 수 있어야 한다.

임의성Randomness

많은 머신러닝 알고리즘과 표본추출sampling과 같은 절차는 유사—랜덤pseudo-random 숫자를 사용한다. 디버깅과 같은 목적으로 실험을 정확히 재현하기 위해서는 유사-랜덤 수준을 통제해야한다. 즉, 생성기의 '씨드seed'를 제어해야 한다. 다시 말해, 동일한 씨드로 초기화한 동일한 제어기는 유사-랜덤 숫자 중 동일한 순서에 존재하는 값을 반환한다.

데이터Data

반복 가능성을 달성하려면 동일한 데이터를 사용해야 한다. 버전 데이터에 필요한 저장소 용량이 갱신 주기와 수량에 따라 모자랄 수 있어, 반복 가능성을 달성하기가 까다로울 수 있다. 또한 데이터를 분기 처리하기 위한 도구는 코드를 분기 처리하는 도구만큼 풍부하지 않다.

설정Setting

이건 당연히 전제되어야 한다. 모든 처리를 동일하게 설정한 상태에서 재현 가능해야 한다.

결과Result

개발자들은 병합 도구를 활용하여 텍스트 파일의 여러 버전을 비교하고 병합하지만, 데이터 과학자는 (혼동 행렬Confusion Matrix부터 부분 의존성 도식까지) 모델에 대한 심층 분석 결과를 비교해야 한다.

구현Implementation

동일한 모델에서 다소 다르게 구현되는 경우, 완전히 다른 모델을 생성할 수도 있고, 어떤 호출에 대해서는 다른 예측 결과를 반환할 수 있다. 또한 모델이 복잡할수록 이러한 불일치가 발생할 가능성이 더 크다. 반면, 모델 하나를 사용하여 대량으로 데이터 세트에 대한 스코어링을 수행할 경우, API를 라이브로 한 번 호출하여 스코어링할 때보다 다양한 제약조건을 확인할 수있어, 때로는 서로 다른 구현이 동일한 모델을 생성한다고 보증할 수 있다. 하지만 디버깅하거나 비교할 때 데이터 과학자는 차이가 있을 수 있음을 염두에 두어야 한다.

환경Environment

이번 장에서 다룬 모든 사항을 고려할 때, 모델은 단순히 알고리즘과 매개변수만으로 구성되는 게 아니다. 데이터 준비 단계부터 구현에 대한 스코어링, 특성 선택, 특성 인코딩, 보강 등에 이르기까지, 이 모든 단계를 수행할 환경은 결과에 종속되어 있을 수 있다. 예를 들어, Python

패키지의 버전이 조금만 달라져도 예측하기 힘든 방향으로 결과가 변경될 수 있다. 또한 데이터 과학자는 실행 환경이 반복 가능하도록 확인해야 한다. 머신러닝이 진화하는 속도를 감안할 때, 계산 환경을 저장하는 방법도 필요할 수 있다.

다행히도 버전 관리와 재현 가능성에 관계된 문서화는 일부 자동화되어 있고, 설계 및 배포와 관련된 통합 플랫폼을 활용하여 구조화된 정보 전달을 보장할 수 있어 재현 가능성을 위한 비용은 급속히 줄어들고 있다.

물론 버전 관리와 재현 가능성이 모델 개발에서 가장 중요한 부분은 아니다. 그러나 감사를 포함하여 거버넌스가 중요한 실제 조직에서 진행하는 머신러닝 작업 중 매우 중요한 부분이다.

4.7 마치며

모델 개발은 MLOps에서 가장 중요하고 결정적인 단계다. 이번 단계에서 다룬 여러 기술적 의문에 대한 해답은 머신러닝 모델 생애주기 전체에 걸친 MLOps의 모든 면과 관련 있다. 따라서 공개, 투명성, 협력은 장기적인 성공에 핵심 요소가 된다.

모델 개발 단계는 데이터 과학자 같은 직군이 가장 많이 관여하는 부분으로, MLOps가 없던 시기에는 머신러닝 관련 작업의 전체라 해도 과언이 아니었다.

CHAPTER 5

상용화 준비

연구실에서 작동한다고 해서 현실 세계에서도 무조건 작동하지 않듯이, 머신러닝 모델도 똑같다. 일반적으로 상용 환경은 개발 환경과 크게 다를 뿐만 아니라, 모델이 상용 환경에서 작동할때 발생할 수 있는 상업적 리스크도 매우 크다. 상용 배포하는 전환 과정의 복잡함을 이해하고테스트해야 하며, 잠재적 리스크를 적절히 경감해야 한다.

이번 장에서는 상용 배포를 준비하는 과정을 살펴보겠다. [그림 5-1]에서 전체 생애주기 중 확인할 부분을 강조해두었다. 견고한 MLOps 시스템을 구축하기 위해 반드시 고려해야 하는 요소들을 설명할 것이다.

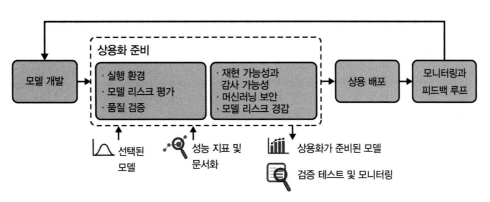

그림 5-1 머신러닝 모델 생애주기 내의 상용화 준비

5.1 실행 환경

모델을 상용 환경으로 내보내기 위한 첫 번째 단계는 기술적으로 가능한지 확인하는 것이다. 3장에서 논의한 바와 같이, 이상적인 MLOps 시스템은 노동 집약적 절차보다는 빠르고 자동화된 배포를 활용하는 편이고, 실행 환경이 접근 방식에 큰 영향을 미칠 수 있다.

상용 환경은 다양한 형태로 존재한다. 요구사항에 맞춰 구축된 서비스, 데이터 사이언스 플랫폼, 텐서플로 서빙^{TensorFlow Serving}과 같은 전용 서비스, 쿠버네티스^{Kubernetes} 클러스터와 같은 저수준 인프라스트럭처, 임베디드 시스템상의 JVM 등이 그 예다. 더 복잡한 상황도 존재하는데, 일부 조직의 경우 상용 환경을 여러 이기종 환경으로 구성하는 경우도 있다.

이상적으로 보면, 개발 환경에서 작동하는 모델을 검증한 다음 그대로 상용 환경으로 전달해야 한다. 이를 통해 적용 작업을 최소화하고 모델이 상용 환경에서도 개발 환경과 동일하게 작동할 가능성을 높인다. 하지만 불행히도 이 이상적 시나리오가 항상 가능한 건 아니다. 장기간 진행한 프로젝트이지만 상용 환경에 배포하지 못하고 종료되는 경우도 있다.

5.1.1 개발 환경에서 상용 환경으로 옮겨 적용하기

적용 작업의 관점에서 볼 때, 여러 경우 중 하나 정도는 개발 플랫폼과 상용 플랫폼 둘 다 동일 벤더에서 제작한 것이거나 상호 운용 가능하여, 개발 모델을 아무런 수정 없이 상용 환경에서 실행할 수 있다. 이 경우, 모델을 상용 배포하기 위한 기술적 단계는 단지 클릭 몇 번 혹은 명령어 호출만으로 이루어지고, 모든 관심을 검증에만 집중할 수 있다.

한편, 모델을 완전히 처음부터 재구현해야 하는 경우도 있다. 다른 팀이 진행하든, 다른 언어로 하든, 자원과 시간을 고려할 때 이러한 접근 방식이 타당한 경우는 거의 없다. 하지만 많은 조직에서 이런 접근 방식을 취하는 게 현실이며 이는 적절한 도구나 프로세스가 부족하기 때문이다. 모델을 다른 팀에 넘겨 재구현해서 상용 환경에 적용하기까지 몇 개월, 심하면 몇 년이 더 걸릴 수 있다.

이 두 가지 극단적 사례 사이에는 수많은 모델 변경과 수차례의 환경 변경이 존재할 수 있다. 모든 경우에 개발 환경보다는 상용 환경에 최대한 가까운 상태에서 검증하는 것이 중요하다.

도구에 대한 고려 사항

상용 환경에 전달하기 위한 포맷을 미리 고려해야 한다. 포맷은 모델 자체와 상용화 과정에 필요한 작업량에 큰 영향을 미치기 때문이다. 예를 들어, 모델은 scikit-learn(Python)을 사용하여 개발하였고 상용 환경은 PMML 혹은 ONNX 형태로 입력해야 하는 Java 기반 환경이라면, 변환 작업이 필요하다.

이런 경우, 모델을 개발하면서 도구(개발 언어 및 환경)를 설정해야 한다. 이상적으로 보면, 모델의 첫 번째 버전을 개발하기 전 혹은 아예 개발 시작 전에 설정하는 것이 좋다. 이 파이프라인을 미리 구축하지 못한다면, 검증 절차를 진행할 수 없다. 당연한 말이지만, 최종 검증은 scikit-learn으로 개발한 직후의 모델로 수행하면 안 된다. 상용 배포할 모델이 아니기 때문이다.

성능에 대한 고려 사항

변환이 필요한 또 하나의 일반적인 이유가 있는데, 바로 성능 때문이다. 예를 들어, Python 모델은 보통 C++로 변환한 모델에 비해 결과를 반환하기까지 필요한 지연시간이 훨씬 길다. 모델을 변환하면 수십 배 빠를 가능성이 있다. 영향을 끼친 요소가 많이 있을 수 있고, 때에 따라 변환의 결과로 얻은 모델이 수십 배 느릴 수도 있다.

상용 모델을 저전력 기기에서 실행해야 하는 경우에도 성능은 중요한 요소다. 예를 들어, 심층 신경망Deep Neural Network(DNN)의 경우 학습된 모델은 수십억 개 이상의 매개변수를 지닌 매우 거대한 형태일 수 있다. 소형 기기에 이러한 모델을 실행할 수 없다. 또한 일반적인 성능을 지닌 서버에서 실행하면 느리고 비용이 많이 들 수 있다.

이러한 모델의 경우, 최적화된 실행 환경만으로는 부족하다. 더 나은 성능을 얻고 싶다면 모델 정의도 최적화해야 한다. 이때 한 가지 해결 방법은 압축 기법이다.

- 양자화(quantization)를 사용하는 경우, 모델을 32비트 부동소수점 숫자를 사용하여 학습시키고, 낮은 정밀도에서 추론을 수행할 수 있다. 결과적으로 모델은 메모리를 덜 사용하고 정확도는 최대한 유지한 채 더 빠른 성능을 보인다.
- 가지치기(pruning)를 사용하는 경우, 신경망을 가볍게 혹은 전체 레이어를 아예 제거할 수 있다. 다소 과감한 접근법이지만, 어떤 경우에는 정확도를 유지할 수 있다.
- 증류(distillation)를 사용하는 경우, 더 작은 '학생' 네트워크를 학습시켜 더 크고 강력한 네트워크를 모방하도록 할 수 있다. 적절히 사용할 경우, 더 나은 모델을 얻을 수 있다. 데이터에서 직접 더 작은 네트워크를 학습시키는 것보다 나을 수 있다.

이러한 방법은 정보 손실이 적은 방향으로 초기 모델을 학습시킬 경우 효과적인데, 학습된 모델을 사후에 그냥 변환하는 것이 아니라 모델을 학습시키는 방향을 정하는 것이다. 이러한 방법은 여전히 최신 방법론에 속하지만, 자연어 처리^{Natural Language Processing}(NLP) 분야의 사전 학습^{pretrained} 모델에서 이미 일반적으로 사용하고 있다.

5.1.2 검증 및 상용 배포 전 데이터 접근 권한

검증 및 상용 배포 전에 해결해야 할 다른 기술적인 요소로는 데이터 접근 권한이 있다. 예를 들어, 아파트 가격을 평가하는 모델은 우편번호 기반으로 지역별 시장 평균가를 활용할 수 있다. 하지만 사용자 혹은 시스템이 평균가는 제공하지 않은 채, 우편번호 자체만 전달할 수 있다. 즉, 별도로 우편번호에 해당하는 지역의 평균가를 찾아야 한다.

하지만 경우에 따라, 데이터가 동결^{Freeze}되어 모델과 함께 번들로 제공될 수 있다. 이렇게 데이터를 같이 제공할 수 없을 때, 즉 데이터 세트가 너무 크거나 데이터를 반드시 최신으로 유지해야 하는 경우, 상용 환경에서 데이터베이스에 접속해야 한다. 이때는 적절한 네트워크 연결, 데이터베이스를 사용하기 위한 라이브러리 혹은 드라이버, 상용 환경 내에 설정으로 저장한 인증 정보가 필요하다.

(특히 수십 개 정도는 가뿐하게 넘는 수량의 모델로 확장하려는 경우에) 실제로 이런 설정과 구성을 관리하는 작업에는 적절한 도구와 협업이 필요하여 매우 복잡하다. 외부 데이터에 접근해야 하는 경우, 상용 환경에 가까운 상태에서 검증할수록 네트워크 등의 연결 상태가 오류의 원인이 되기 쉽다.

5.1.3 실행 환경에 대한 최종 의견

일반적으로 모델을 학습시킬 때 컴퓨터 자원이 가장 많이 필요하다. 매우 복잡한 소프트웨어, 대용량 저장소, 강력한 GPU를 포함하는 최상급 장비 같은 것들이다. 하지만 머신러닝 모델의 전체 생애주기 관점에서 본다면 대부분의 컴퓨터 자원을 추론^{Inference} 시점에 소모할 가능성이 높다. 왜냐하면 모델 학습은 한 번이지만, 추론은 수십억 번 수행하기 때문이다.

복잡한 모델에 의한 추론을 확장하면 비용이 상승할 뿐만 아니라 에너지와 환경 측면에서 좋지 않은 영향을 끼칠 수 있다. 모델의 복잡도를 낮추거나 매우 복잡한 모델을 압축하면 머신러닝 모델을 운영할 때 필요한 인프라 비용을 낮출 수 있다.

모든 응용 프로그램에 딥러닝이 필요한 건 아니며, 머신러닝조차 필요하지 않을 수 있다. 상용 환경에서 복잡도를 억제하는 관례에 따라, 달성 가능한 수준이 어느 정도인지 확인할 때에나 복잡한 모델이 필요하다. 상용화 모델이 단순할수록 운영 리스크, 처리 성능, 비용 측면에서 충분한 이점을 얻을 수 있다. 간단한 모델의 성능이 복잡한 모델로 시험하여 확인한 수준에 가깝다면 더할 나위 없이 바람직한 솔루션이라고 볼 수 있다.

5.2 모델 리스크 평가

이상적인 MLOps 시스템에서 검증을 어떻게 해야 하는지 확인하기 전에, 검증 목표를 고려해야 한다. 4장에서 다룬 바와 같이, 모델은 현실을 모방하려 하지만 완벽하지 않다. 구현에 버그가 있을 수 있고 실행하는 환경에도 오류가 있을 수 있다. 상용 환경에서 모델이 현실 세계에 간접적으로 끼치는 영향은 파악할 수 없다. 하지만 복잡한 시스템에서는 별 중요해 보이지 않는 톱니바퀴도 엄청난 영향을 끼칠 수 있다.

5.2.1 모델 검증의 목적

상용 환경에서 모델이 끼칠 리스크를 예측하여 최소화하는 방향으로 설계하고 검증하는 것이 어느 정도는 가능하다. 이 작업이 반드시 필요하다는 점은 굳이 말할 필요도 없다. 조직이 커질수록 비의도적 오작동이나 악의적 공격에 머신러닝을 활용하는 대다수 응용 프로그램이 노출될 수 있다. 또한 이러한 공격의 목표가 금융이나 보안 관련 응용 프로그램에 한정되지 않고 광범위하다는 점을 염두에 두어야 한다.

모델을 상용 배포하기 전에(실제로는 머신러닝 프로젝트의 시작 시점부터), 모든 팀은 다음과 같은 부정적 상황에 대한 질문에 답해야 한다.

- 상상할 수 있는 가장 나쁜 쪽으로 모델이 작동하면 어떤 일이 일어날까?
- 사용자가 학습 데이터 혹은 내부 로직을 뽑아내면 어떻게 될까?
- 재무, 사업, 법률, 보안, 명성 등과 관련된 리스크로는 어떤 것이 있을까?

리스크가 높은 응용 프로그램의 경우, 팀 전체(특히 검증을 담당하는 엔지니어)가 이런 리스크를 충분히 인지하여, 검증 절차를 적절히 설계하고 리스크의 수준에 맞는 엄격함과 복잡도를 적용해야 한다.

많은 경우, 머신러닝 리스크 관리에는 은행이나 보험 같은 업계에서 잘 수립한 모델 리스크 관리 실천 사례도 포함된다. 하지만 머신러닝으로 인해 새로운 유형의 리스크나 부채가 도입되었고, 데이터 사이언스의 민주화로 인해 전통적인 모델 리스크 관리에 대한 경험이 없는 조직이나 팀들도 데이터 사이언스 영역으로 들어오게 되었다.

5.2.2 머신러닝 모델 리스크의 근원

머신러닝 모델이 가져올 수 있는 리스크의 수준은 수학적으로 계산하기 어려우나 리스크의 발현은 현실 세계에서 결과로서 드러난다. 하지만 머신러닝의 지표들, 특히 비용 관련 지표를 활용하면 '명목상의' 사례인 교차 검증용 데이터 기반으로 모델 운영 시 필요한 평균 비용을 평가하고 마법에 가까운 완벽한 모델과 비교해볼 수 있다.

이러한 예상 비용 계산은 매우 중요하지만, 예상 비용을 아득히 넘어설 가능성이 다양한 부분에 존재한다. 어떤 응용 프로그램의 경우, 무한한 재정적 책임, 개인의 보안 이슈 혹은 조직의 존속 여부 같은 수준의 리스크를 포함하고 있을 수 있다.

머신러닝 모델 리스크는 다음과 같은 것들로부터 발생할 수 있다.

- 모델의 설계, 데이터 준비, 학습 혹은 평가 중에 발생한 버그나 오류
- 실행 환경상의 버그, 모델의 후처리 혹은 변환 시 발생한 버그, 모델과 실행 환경 간 숨겨진 비호환성
- 학습 데이터의 낮은 품질
- 상용 데이터와 학습 데이터 간 큰 차이
- 예상 오류 발생률, 예상보다 자주 발생하는 오류
- 모델의 오사용 혹은 결과에 대한 잘못된 해석
- 적대적 공격
- 모델 결과 관련 저작권 위반 혹은 기술 부채로 인한 법적 리스크
- 머신러닝의 편향적 혹은 비도덕적 사용 등으로 인한 평판 리스크

리스크의 발현 가능성과 그 수준은 다음과 같은 요소로 인해 더욱 커질 수 있다.

- 모델의 광범위한 사용
- 급변하는 환경
- 모델 간 복잡한 상호작용

다음 절에서는 이러한 위험과 위협을 경감하는 방법에 대해 상세히 살펴보자. 이 내용은 궁극적으로 조직이 도입하는 MLOps 시스템의 궁극적 목표가 되어야 한다.

5.3 머신러닝에 대한 품질 검증

소프트웨어 엔지니어링 분야에서는 품질 검증Quality Assurance(QA) 관련 도구와 방법론이 성숙한 수준까지 발전하였지만, 데이터와 모델 분야에서는 미숙한 수준이다. 이로 인해 MLOps 프로세스에 QA를 넣기가 쉽지 않다. 통계적 방법과 문서화 모범 실천 사례가 잘 알려져 있지만, 규모 있게 구현한 경우는 흔치 않다.

상용화 준비 단계로서 이번 장에 포함하였으나, 사실 머신러닝에 대한 QA는 마지막 검증 단계에서만 진행하는 것이 아니라 모델 개발과 관련된 모든 단계에서 필요하다. QA의 목표는 프로세스 준수뿐만 아니라 머신러닝 및 성능 요구사항에 대한 준수도 포함한다. QA에서 세밀함의 정도는 위험 수준에 비례한다.

검증을 담당하는 사람들이 모델을 개발한 당사자가 아니라면, 머신러닝에 대해 충분히 학습받고 리스크를 충분히 이해해야만 적절한 검증 방법을 설계하고 개발 팀이 제안하는 검증 방법의 빈틈을 찾아낼 수 있다. 또한 이슈를 적절히 보고하고 지속적으로 개선하며, 리스크 수준이 심각한 경우 상용 배포 중지 권한을 위임할 수 있는 조직의 구조와 문화를 갖추고 있어야 한다.

강력한 MLOps 실천 사례에 따르면 상용 배포 전에 수행하는 QA의 대상은 기술적인 부분에 국한되지 않는다. 조직의 지침guideline에 맞춰 모델을 문서화하고 검증할 수 있는 기회이기도 하다. 특히 이때 검증하는 것은 법규나 저작권의 범위에 들 수 있으므로 모든 입력 데이터 세트, 사전 학습된 모델 혹은 기타 자산의 출처도 확인해야 한다. 이러한 이유로 (특히 컴퓨터 보안상의 이유로), 어떤 조직은 화이트리스트 처리한 도구들에 대한 의존성만 허가한다. 의존성 화이트리스트 목록을 자동으로 보고하고 검토하도록 한다 하더라도 이 의존성 제약으로 인해 데이터 과학자들의 작업 속도에 영향이 있을 수 있으나, 그래도 좀 더 안전할 수 있다.

5.4 테스트에 대한 핵심 고려 사항

모델 테스트는 모델을 신중히 선별한 데이터에 적용하고 요구사항에 따라 측정 대상을 검증하는 것으로 구성된다. 데이터를 선택하거나 생성한 방법과 필요한 데이터의 양이 중요하지만, 이는 모델이 다룰 문제에 따라 달라진다.

어떤 경우에는 테스트 데이터가 '현실 세계' 데이터와 일치하지는 않을 수 있다. 예를 들어, 여러 가지 시나리오를 준비하는 건 좋은 아이디어이며, 일부는 현실적 상황을 반영하지만 다른 일부는 문제가 될 것 같은, 만들어진 상황(예를 들어, 극단적인 값들이나 누락된 값들)일 수 있다.

지표는 통계적인 관점(정확도^{accuracy}, 정밀도^{precision}, 재현율^{recall} 등)과 컴퓨팅 관점(평균 지연시간, 백분위상 95번째 지연시간 등) 모두에서 수집해야 하고, 테스트 시나리오는 가정 중 일부라도 확인되지 않으면 실패로 간주해야 한다. 예를 들어, 모델의 정확도가 90%를 넘지 못하거나, 평균 추론 시간이 100밀리초 이상 걸리거나, 추론 중 5% 이상이 200밀리초 이상 걸리면 테스트는 실패다. 이러한 가정을 전통적 소프트웨어 엔지니어링 분야에서 쓰는 것처럼 기대^{expectation} 혹은 검사^{check}, 주장^{assertion}이라고 부른다.

통계적 테스트는 결과 전체에 대해서 수행할 수도 있지만, 보통 하위집단을 대상으로 수행한다. 그리고 모델의 이전 버전과 비교하는 작업도 중요하다. 이를 통해 챔피언/챌린저 접근 방법(이와 관련한 자세한 내용은 7.4.3절에서 다룬다)을 적용할 수 있고, 갑작스러운 지표 하락도 확인할 수 있다.

하위집단 분석과 모델의 공정성

'민감한' 변수에 따라 데이터를 하위집단으로 나누어 테스트 시나리오를 설계할 수도 있다(변수는 모델의 특징일 수도 있고 아닐 수도 있다). 이 방법으로 공정성(보통 성별 간 비교)을 평가한다.

사실상 사람들에게 적용하는 모든 모델에 대해 공정성을 분석해야 한다. 모델의 공정성 평가에 실패한다면 조직의 비즈니스, 법률, 명성 면에 점차 영향을 미칠 것이다. 편향성과 공정성에 대한 상세한 내용은 4.5.3절과 8.6절에서 살펴본다.

머신러닝과 계산 성능 지표를 검증하는 것과 더불어, 모델 안정성도 테스트에서 고려해야 할 중요한 요소다. 특징 하나를 살짝 변경하면 출력에도 조금 변화가 있을 거라고 예상하게 된다. 늘 맞지는 않지만 일반적으로는 이게 모델의 바람직한 속성이다. 매우 불안정한 모델의 경우, 높은 복잡도와 많은 허점이 있으며 황당한 경험을 제공할 수도 있다. 따라서 훌륭한 성능을 보인다 하더라도 신뢰할 수 없다. 모델 안정성에 대한 정답은 없지만, 보통 간단하고 정규화된 모델일수록 안정성이 더 높다.

5.5 재현 가능성과 감사 가능성

MLOps에서 재현 가능성Reproducibility은 학계에서 규정하는 의미와 다르다. 학계에서 재현 가능성이란 실험의 발견물을 충분히 잘 설명하여 다른 사람이 설명만 보고도 실험을 재현할 수 있고, 실수만 없다면 동일한 결론에 도달할 수 있다는 것이다.

일반적으로 MLOps에서 재현 가능성은 완전히 동일한 실험을 쉽게 재실행하는 기능도 포함한다. 이는 모델과 함께 상세한 문서와 학습 및 테스트에 사용된 데이터, 모델의 구현체 및 실행환경에 대한 상세한 사양(4.6절에서 확인하였다)을 제공한다는 것을 의미한다. 재현 가능성은 모델의 결과를 증명하는 데 필수적이기도 하지만, 이전 실험을 기반으로 디버깅하거나 개발할 때도 꼭 필요하다.

감사 가능성Auditability은 재현 가능성과 관련되어 있으나, 몇 가지 요구사항이 더 추가된다. 모델을 감사할 수 있으려면, 신뢰할 만한 중앙 저장소에서 머신러닝 파이프라인의 이력 전체에 접근할 수 있어야 하고, 모델의 모든 버전에 대한 메타데이터metadata를 쉽게 얻을 수 있어야 한다.

- 완전한 문서화
- 정확한 초기 환경에서 모델을 돌릴 수 있는 수준의 아티팩트(artifact)
- 모델 설명 및 공정성 보고 자료를 포함하는 테스트 결과
- 상세한 모델 로그와 모니터링 관련 메타데이터

감사 가능성은 엄격하게 규제를 받는 일부 응용 프로그램에서는 의무 사항일 수도 있는데, 모델의 디버깅, 지속적인 개선, 작업 내역 및 책임 소재의 추적을 용이하게 한다는 점에서 모든 조직에 득이 된다. 이는 책임 있는 머신러닝 기반 응용 프로그램의 거버넌스에 필수적인 부분

으로서 8장에서 상세히 다루겠다. 머신러닝 및 MLOps 프로세스에서 QA와 관련된 완전한 툴체인은 요구사항과 관련된 모델의 성능을 명확히 확인할 수 있는 기능을 제공해야 함과 동시에 감사 가능성도 용이하도록 해야 한다.

MLOps 프레임워크를 활용하여 데이터 과학자(또는 다른 이해관계자들)는 모델 및 모델과 관련된 모든 메타데이터를 확인할 수 있으나, 모델 자체를 이해하기란 쉽지 않다. 이에 대한 자세한 내용은 4.5.3절에서 확인할 수 있다.

감사 가능성이 강력하고 실질적인 영향을 미치려면, 시스템의 모든 부분과 버전 이력에 대해 사람이 직관적으로 이해할 수 있도록 하는 것을 목표로 해야 한다. 물론 이것이 (아무리 간단한 모델이라 하더라도) 머신러닝 모델을 이해하려면 적절한 학습이 필요하다는 사실을 바꿀 수 없다. 응용 프로그램의 중요도에 따라 더 많은 청자가 모델의 세부 사항을 이해할 수 있게 하려는 것이다. 결과적으로 완전한 감사 가능성은 높은 비용을 필요로 하여, 모델의 중요도에 따라 균형을 이루어야 한다.

5.6 머신러닝 보안

모델을 소프트웨어의 일부로 배포하여 어떤 프레임워크를 활용해서 서비스할 때, 저수준의 결함부터 사회 공학적 문제에 이르기까지 다양한 보안 이슈를 일으킬 수 있다. 머신러닝이 유발하는 잠재적 위협은 다양하여, 공격자가 모델이 실수하도록 유도하는 악의적 데이터를 제공하는 것과 같은 위협도 가능하다.

잠재적 공격 사례는 아주 많다. 예를 들어, 스팸 필터는 머신러닝을 활용한 초기 사례로서, 사전에 있는 단어에 점수를 매기는 것을 기반으로 작동한다. 스팸 제작자들은 이러한 탐지를 회피하기 위해 인간 독자가 쉽게 이해할 수 있도록 하면서도 사전에 있는 단어는 사용하지 않으려 한다. 예를 들어, 이국적인 유니코드 문자를 사용하거나 의도적으로 오타나 이미지를 사용한다.

5.6.1 적대적 공격

다소 현대적이면서도 아날로그적인 머신러닝 모델의 보안 이슈로는 심층 신경망에 대한 적대적 공격이 있다. 인간의 눈으로는 인지하기 힘들거나 불가능한 요소를 이미지에 심어두고 모델이 예측을 완전히 다르게 하도록 유도하는 방식이다. 핵심 아이디어는 수학적으로 보면 비교적 간단하다. 딥러닝 추론은 근본적으로 매트릭스 곱셈이기 때문에, 계수에 대한 약간의 변화를 잘 고르기만 해도 결과가 크게 달라질 수 있다.

이 원리를 활용하는 한 가지 예시(*https://arxiv.org/abs/1707.08945*)로서, 자율 주행 자동차의 비전 시스템에 혼란을 주기 위해 도로 표지판에 붙이는 작은 스티커가 있을 수 있다. 스티커를 붙임으로써 차량이 도로 표지를 인지하지 못하거나 잘못 분류하도록 유도하는 반면, 사람은 바로 인지하고 이해할 수 있도록 한다. 공격자가 시스템에 대해 잘 이해할수록, 혼란을 일으킬 방법을 찾을 가능성이 높다.

인간은 추리를 통해 위와 같은 방법을 찾아낼 수 있다. 특히 간단한 모델일수록 쉽다. 하지만 딥러닝처럼 복잡한 모델에 대해서는, 공격자가 쿼리를 많이 해보고 가능한 한 많은 조합을 시도하기 위한 전수 공격brute force이나 문제점을 찾아내는 모델을 활용해야 한다. 대책을 마련하는 것도 모델의 복잡도나 가용성으로 인해 점점 어려워지고 있다. 로지스틱 회귀와 같은 간단한 모델은 근본적으로 면역성이 있는 반면, 오픈소스인 사전 학습된 심층 신경망 같은 경우에는 아무리 고도화된 공격 탐지기를 내장한다 하더라도 언제나 취약점을 내포하고 있다(*https://arxiv.org/abs/1705.07263*).

적대적인 공격이 언제나 추론 시점에 발생하지는 않는다. 공격자는 학습 데이터에 대한 접근 권한을 얻을 수 있고, 일부라도 시스템에 대한 통제 권한을 획득할 수도 있다. 이러한 유형의 공격은 전통적으로 컴퓨터 보안에 대한 중독 공격poisoning attack으로 알려져 있다.

유명한 사례로서 2016년 마이크로소프트가 출시한 트위터 챗봇(*https://oreil.ly/aBGVq*)이 있다. 출시 후 몇 시간 만에, 봇은 매우 공격적인 트윗을 생산하기 시작했다. 이 상황은 봇이 입력값에 적응하자마자 발생했다. 일부 사용자가 공격적 콘텐츠를 다량으로 입력하자, 봇은 복제하기 시작했다. 이론적으로 중독 공격은 침입 또는 사전 학습된 모델에서 보다 정교한 방식으로 발생할 수 있다. 하지만 실제로는 손쉽게 변경 가능한 데이터 소스로부터 취득하는 데이터에 주의해야 한다. 특정 계정에 보내는 트윗이 그 예시가 될 수 있다.

5.6.2 다른 취약점들

일부 패턴은 머신러닝에 내재된 취약점 자체를 악용하지 않고 머신러닝 모델을 악용하여 바람직하지 못한 상황에 이르도록 유도한다. 한 가지 예로 신용 점수가 있다. 정해진 금액을 대출해야 하는 상황에서, 유동성이 낮은 대출자는 회당 상환액을 줄이기 위해 대출 기간을 길게 할 것이고, 자금에 여유가 있는 대출자는 신용 비용을 줄이기 위해 대출 기간을 짧게 할 것이다. 그런 상황에서 영업사원이 신용 점수가 낮은 사람에게 대출 기간을 짧게 하자고 할 수 있다. 그러면 대출자와 은행의 리스크가 모두 상승하므로 적절하지 않은 방향이다. 상관관계^{correlation}가 있다 해서 인과관계^{causality}인 것은 아니다!

또한 모델에서 여러 가지 방식으로 데이터가 유출될 수 있다. 머신러닝 모델은 근본적으로 학습 데이터의 요약이라고 볼 수 있기 때문에, 학습 데이터 중 많든 적든 정확한 정보가 유출될 수 있고, 때에 따라서는 전체 학습 데이터가 유출될 수 있다. 예를 들어, 최근접 이웃 알고리즘^{nearest neighbor algorithm}을 활용하여 누군가의 지불 금액을 예측하는 모델이 있다고 하자. 어떤 사람이 서비스에 등록된 특정 인원의 우편번호, 나이, 직업을 알고 있다면, 그 사람의 정확한 수입을 얻기란 무척 쉬울 것이다. 이런 방식으로 모델에서 정보를 추출하는 공격 방식은 다양하게 존재한다.

보안에서는 기술적 개선과 감사 외에 거버넌스도 중요한 역할을 한다. 책임을 명확히 할당해야 하고, 보안과 실행 역량 사이에 적절한 균형을 이루도록 해야 한다. 또한 피드백 메커니즘을 개설하여, 직원과 사용자가 모두 침해 상황을 쉽게 전달할 수 있도록 해야 한다. 취약점을 보고하면 보상을 주는 '버그 현상금 프로그램'도 방안 중 하나가 될 수 있다. 리스크를 경감하기 위한 시스템 주변의 안전망 구축도 필요하다.

머신러닝의 보안은 일반적인 컴퓨터 시스템 보안과 상당 부분 공통점이 있다. 그중 하나는 시스템과 보안이 별개가 아니라는 점이 있다. 즉, 안전하게 설계되지 않은 시스템은 보호할 수 없으므로 조직의 프로세스는 초창기부터 위협의 특성을 고려해야 한다. 이번 장에서 설명한, 상용화 전 필요한 사항들을 모두 포함하는 강력한 MLOps 프로세스를 활용하면 이 접근 방식을 현실화할 수 있다.

5.7 모델 리스크 경감

1장에서 자세히 다루었듯이, 일반적으로 모델의 배포 범위가 넓어질수록 리스크도 커진다. 리스크의 영향이 크다면 새로운 버전의 배포를 완전히 통제해야 하고, 이를 위해 충분히 통제된 MLOps 프로세스를 적용해야 한다. 점진적인 방식 혹은 카나리canary 방식으로 출시해야 하며, 적은 범위의 조직 혹은 고객에게 모델의 새 버전을 배포해야 한다. 그리고 모델의 행태와 사용자의 피드백을 모니터링하면서 배포 범위를 점차 넓혀나가야 한다.

5.7.1 환경 변화

이번 장의 앞부분에서 언급한 바와 같이, 빠르게 변화하는 환경으로 인해 리스크가 급격히 증가하고 있다. 입력값의 변화는 직접적으로 연관된, 쉽게 식별할 수 있는 리스크로서 7장에서 상세한 내용과 대응 방안에 대해 살펴보겠다. 그런데 여기서 중요한 점은 변화의 속도가 응용 프로그램의 리스크를 증폭할 수 있다는 점이다. 변화가 너무 빨라 모니터링 시스템이 경고를 전달하기도 전에 문제가 생길 수 있다. 즉, 아무리 효율적인 모니터링 시스템을 갖추고 변화에 대응하여 모델을 지속적으로 재학습시킨다 해도, 대응에 필요한 시간 자체가 위협이 되어버릴 수 있다. 특히 단순히 모델을 재학습시키는 게 아니라 완전히 재개발해야 한다면 문제는 더 심각하다. 이 대응 시간 동안 상용 시스템의 오작동이 지속되고 조직은 엄청난 손해를 입을 수 있다.

이러한 리스크를 통제하기 위해서는 MLOps 기반 모니터링이 충분히 기민하게 반응해야 하고 (통상적인 주기인 주 단위로 배포 현황을 보고하는 정도로는 충분하지 않다), 절차 내에 대응에 필요한 기간을 고려하고 있어야 한다. 예를 들어, 재학습이나 출시 전략 외에, 시스템을 성능 저하 모드에서 기동하는 임곗값도 정해야 할 수 있다. 성능 저하 모드는 최종 사용자에게 단순히 경고 메시지만 보여주는 것일 수도 있고, 경우에 따라서는 안정적인 솔루션이 배포될 때까지 피해를 입지 않기 위해 시스템을 셧다운하는 것과 같은 과감한 조치가 될 수도 있다.

영향도가 낮은 이슈라 해도 자주 발생하면 빠르게 통제하기 힘든 상황에 이를 수 있다. 환경이 자주 변화하면 일견 보완이 시급해 보이지 않을 수 있으나, 모델이 점차적으로 성능이 하락하거나 오작동하고 정상적인 상태로 되돌릴 수 없게 되어 운영 비용이 급상승할 수 있다. 이러한 상황은 전용 MLOps를 통해서만 감지할 수 있는데, MLOps 내에 비교적 장기간의 모니터링과 운영 비용 재산정 기능이 있기 때문이다.

일반적으로 더 많은 데이터로 모델을 재학습시키면 모델은 점차 개선되고 문제는 사라진다. 하지만 시간이 필요하다. 이러한 수렴 과정을 거치기 전에 성능은 다소 떨어지지만 덜 복잡한 모델을 활용하여 자주 변화하는 환경에서도 일관성을 유지할 수 있다.

5.7.2 모델 간 상호작용

모델 간의 복잡한 상호작용은 아마도 가장 다루기 어려운 리스크 원인일 것이다. 이런 종류의 이슈는 MLOps 시스템에서 다뤄야 하는 중요한 영역으로, 머신러닝 모델이 보급될수록 더 심각해질 것이다. 확실히 모델을 추가할수록 조직에서 다뤄야 할 복잡도가 증가하는데, 문제는 모델의 개수에 비례하여 복잡도가 증가하는 게 아니라는 점이다. 2개의 모델을 배포하면 각 모델의 복잡도 합만큼만 복잡도가 생기는 것이 아니라, 둘 사이의 잠재적 상호작용으로 인한 요소도 중첩된다.

게다가 지역 단위로 볼 때는 모델 간의 상호작용을 어떻게 설계하였는가에 따라, 조직 단위로 볼 때는 모델에 대한 거버넌스를 어떻게 관리하는가에 따라 복잡도의 총합이 결정된다. 모델을 연쇄적으로 활용(어떤 모델의 결과 값을 다른 모델의 입력값으로 사용)하면 복잡도가 훨씬 더 증가하고 전혀 예상치 못한 결과가 생성될 수 있다. 반면, 모델을 독립적·병렬적으로 사용하면 각 모델이 작고 설명 가능해져 거대한 머신러닝 시스템을 지속 가능하게 유지보수할 수 있다.

우선, 모델 간의 명시적인 상호작용을 제거하면 복잡도 상승이 선형linear에 가까워진다. 그런데 실제로는 모델 간의 연결고리가 없다 하더라도 현실 세계에서는 상호작용이 있을 수 있다. 또한 모델이 서로 다른 처리 사슬processing chain에서 작동하면 오류를 방지할 수 있다. 즉, 가능한 한 서로 다른 메서드로 구성한 독립적 처리 사슬에서 결정을 내리도록 하면 시스템은 더욱 견고해질 수 있다.

마지막으로, 일반적인 경우 모델이 복잡해질수록 다른 시스템과의 상호작용도 복잡해질 수 있다. 너무나 많은 예외 사례가 발생할 수 있고, 안정성을 떨어뜨리거나 입력값을 전달하는 모델의 변화에 민감하게 반응하거나 값을 전달받는 모델을 혼란에 빠뜨릴 수 있다. 이 경우에도 모델의 복잡성에 따른 추가 비용이 필요하며 비용의 규모는 예측하기 어렵다.

5.7.3 모델의 잘못된 작동

모델의 잘못된 작동을 방어하기 위해 실시간으로 입력값과 출력값을 확인하는 것과 같은 다양한 수단을 강구할 수 있다. 모델을 학습시키는 동안에도, 모델의 학습 및 검증 주기를 확인하여 적용 가능 영역을 특정할 수 있다. 추론 시 모델의 특성이 범위를 벗어난 값인 경우, 시스템이 특정 작동을 수행하도록 촉발^{trigger}할 수도 있다. 예를 들어, 해당하는 표본은 거부하거나 경고 메시지를 전달할 수 있다.

특성 값의 주기를 제어하는 방법은 간단하면서도 유용한 기법이지만 충분하지 않을 수 있다. 예를 들어, 자동차 가격을 평가하기 위한 알고리즘을 학습할 때, 학습 데이터에 최신의 가벼운 차량과 구형인 무거운 차량만 포함되어 있고, 최신의 무거운 차량은 없을 수 있다. 이런 데이터의 경우, 모델이 복합적이어서 성능을 예측하기 어렵다. 이처럼 특성이 많으면 차원의 저주를 피할 수 없다. 즉, 특성의 개수가 늘어나면 특성 간 조합의 수는 기하급수적^{exponential}으로 늘어난다.

이런 상황에서는 모델이 작동 범위를 벗어나는 이상 작동을 감지하는 것과 같은 보다 정교한 방법을 이용할 수 있다. 점수를 매긴 후, 추론을 확정하기 전에 모델의 출력을 검토할 수도 있다. 분류^{classification}의 경우, 많은 알고리즘에서 예측 외에 확실성^{certainty} 점수도 제공하고, 임곗값을 수정하여 추론 결과를 받아들이도록 할 수 있다. 확실성 점수는 확률로 변환할 수 없다는 점에 유의해야 한다.

등각 예측$^{Conformal prediction}$은 정확성에 대한 확률을 정확히 추정하기 위해 점수들을 조정하는 일련의 기법이다. 회귀의 경우, 미리 정해진 간격에 대해 값을 확인할 수 있다. 예를 들어 모델에서 차량 가격을 50달러나 500,000달러로 예측하는 경우, 이런 예측을 실제 비즈니스에 적용하고 싶지 않을 것이다. 구현된 기법의 복잡도는 리스크의 수준에 비례해야 한다. 즉, 복잡도가 높고 중요한 모델일수록 보다 철저한 안전 장치가 필요하다.

5.8 마치며

실제로, 모델을 상용 배포하기 위해 준비하는 단계는 개발 단계에서부터 시작된다. 즉, 상용 배포, 보안 대응, 리스크 경감 관련 요구사항을 모델 개발 단계에서부터 고려해야 한다. MLOps는 모델을 상용 배포하기 전에 명확히 검증하는 단계와 상용 배포하기 위한 성공적 준비 사항의 핵심 요소를 포함하고 있다.

- 리스크의 본질과 그 수준을 명확히 식별한다.
- 모델의 복잡성과 여러 측면에 대한 영향도를 이해한다. 영향도를 확인하는 요소로는 대기 시간, 메모리 사용량, 전력 소비량, 상용 환경에서 추론을 해석하는 기능, 리스크 통제 등이 있다.
- 간단하지만 명확한 품질 표준을 제공하여 팀이 적절히 학습되었는지, 조직 구조가 빠르고 안정적인 검증 절차를 수행하는지 확인한다.
- 모든 검증 단계를 자동화하여, 배포를 빠르게 수행하면서도 적절하고 일관되게 검증을 수행한다.

CHAPTER 6

상용 배포

비즈니스 리더들은 새로운 시스템을 빠르게 상용 배포하는 것을 가치를 극대화하는 방법으로 판단한다. 하지만 이는 배포에 특이 사항이 없고 리스크가 낮은 경우에 해당한다. 소프트웨어 배포 프로세스의 경우, 최근 몇 년간 이와 같은 내재된 이슈를 해결할 수 있는 방향으로 더 자동화되고 더욱 견고해졌다.

이번 장에서는 머신러닝 모델을 상용 배포할 때 알아야 할 개념과 고려 사항을 살펴보고, MLOps 배포 프로세스를 구축하는 방식에 끼치는 영향도 살펴보겠다. [그림 6-1]에서 큰 수준의 생애주기 중 상용 배포 단계에 해당하는 부분을 확인할 수 있다.

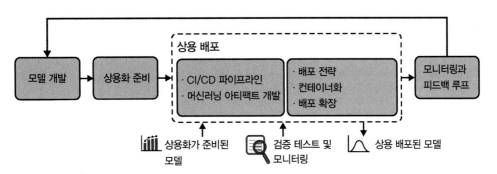

그림 6-1 머신러닝 모델 생애주기 내의 상용 배포

6.1 CI/CD 파이프라인

CI/CD는 지속적인 통합Continuous Integration과 지속적인 전달Continuous Delivery(좀 더 간단히 표현하자면 배포Deployment)을 나타내는 약자다. 이 두 가지로 인해 애자일Agile 소프트웨어 개발의 현대적 철학과 관련 실천 사례 및 도구들을 형성하여, 더 자주, 더 빨리 응용 프로그램을 출시하면서도 품질과 리스크를 더 잘 통제할 수 있게 되었다.

이러한 아이디어는 이미 수십 년 전부터 소프트웨어 엔지니어들이 다양한 영역에서 활용해 왔지만, 사람마다 조직마다 완전히 다른 용어로 제각각 사용했었다. CI/CD를 머신러닝 작업에 적용하는 방법을 확인하기 전에, 이러한 개념들은 품질을 유지하면서 빠르게 전달하기 위한 도구일 뿐이고 첫걸음은 조직 내에 존재하는 리스크를 식별하는 것이라는 점을 명심해야 한다. 즉, 언제나 그렇듯, CI/CD 방법론은 팀의 필요와 비즈니스의 특성에 따라 조정되어야 한다.

CI/CD 개념은 전통적인 소프트웨어 엔지니어링 분야에서 등장하였으나 머신러닝 시스템에도 동일하게 적용할 수 있고, MLOps 전략 중 중요한 부분이다. 모델을 성공적으로 개발한 후에도, 데이터 과학자는 코드, 메타데이터 및 문서를 중앙 저장소에 등록하고 CI/CD 파이프라인을 촉발해야 한다. 이러한 파이프라인의 예시는 다음과 같다.

1 모델 구축

  a 모델 아티팩트 생성

  b 아티팩트를 장기 보관소에 저장

  c 기본 점검 수행(스모크 테스트(smoke test), 온전성 점검(sanity check))

  d 공정성 및 설명 가능성 보고서 생성

2 테스트 환경에 배포

  a 머신러닝의 성능 및 계산 성능 검증을 위한 테스트 수행

  b 수동 검증

3 상용 환경에 배포

  a 모델의 카나리(canary) 배포

  b 모델 완전 배포

수많은 시나리오가 가능하며, 응용 프로그램 자체나 시스템을 위협하는 리스크, 조직이 선택한 운영 방식에 따라 달라진다. 일반적으로 CI/CD 파이프라인을 구축할 때는 점진적인 접근 방식을 선호한다. 단순하고 심지어 순진하기까지 한 작업 흐름을 반복하는 데에는 적합하기 때문

에 처음부터 복잡한 인프라부터 시작하는 것보다 훨씬 더 낫다.

시작 단계의 프로젝트에는 거대 기술 기업에 있을 법한 수준의 상세한 인프라 요구사항은 없고, 배포 시 어떤 이슈가 발생할지 미리 파악하기도 어려울 수 있다. 공통적으로 사용하는 도구와 모범 사례들이 존재하지만, 모든 경우를 다룰 수 있는 CI/CD 방법론은 존재하지 않는다. 즉, 간단하지만 필요한 기능은 모두 갖춘 CI/CD 워크플로우에서 시작하고, 품질 또는 확장 과제가 나타나면 추가적인 단계 또는 더 복잡한 단계를 도입하는 것이 최선의 방법이다.

6.2 머신러닝 아티팩트 개발

지속적인 통합 파이프라인의 목표는 여러 기여자contributor의 작업을 통합할 때 불필요한 노력을 들이지 않도록 하는 것뿐만 아니라 개발 내역 간 충돌로 인한 버그를 최대한 감지하는 것도 포함한다. 그 첫 번째 단계는 중앙화된 버전 관리 시스템을 사용하는 것이다(여전히 작업자 랩탑에서 몇 주간 작업하며 공유하지 않는 경우가 흔하다).

가장 일반적인 버전 관리 시스템은 리눅스 커널의 소스 코드를 관리하기 위해 처음 개발된 오픈소스 소프트웨어인 깃Git이다. 전 세계의 소프트웨어 엔지니어 대다수가 이미 깃을 사용하고 있으며, 계산 과학scientific computing과 데이터 사이언스에서 점점 더 많이 채택하고 있다. 깃을 활용하면 변경 사항을 선명하게 기록할 수 있고, 이전 버전의 코드로 안전하게 롤백하며, 여러 기여자가 메인 분기에 병합하기 전에 각자 보유한 분기에서 작업할 수 있다.

깃은 코드에 적합하지만, 대규모 이진 파일(예를 들어, 학습된 모델 가중치)과 같은 데이터 사이언스 작업 흐름에서 공통으로 사용하는 다른 유형의 자산을 저장하거나 데이터 자체를 버전 관리하도록 설계되지는 않았다. 데이터 버전 관리는 깃 확장자(.git), 파일 형식, 데이터베이스 등과 같은 다양한 솔루션을 포함해야 하므로 보다 복잡한 주제에 해당한다.

6.2.1 머신러닝 아티팩트의 개념

코드와 데이터를 중앙 저장소에 저장한 뒤, 테스트 및 배포 가능한 프로젝트 번들을 생성해야 한다. 이러한 번들을 CI/CD 용어로 아티팩트라고 부른다. 다음 각 요소는 테스트 파이프라인을 거치고 상용 배포될 수 있는 아티팩트로 번들되어야 한다.

- 모델 및 전처리 관련 코드
- 하이퍼파라미터와 설정
- 학습 데이터와 검증 데이터
- 실행 가능한 형태의 학습된 모델
- 버전을 지정한 라이브러리, 환경 변수 등의 실행 환경
- 문서화
- 테스트 시나리오 관련 코드와 데이터

6.2.2 테스트용 파이프라인

5장에서 언급한 바와 같이, 테스트 파이프라인은 아티팩트에 포함된 모델의 다양한 속성을 검증할 수 있다. 테스트의 중요한 운영 측면 중 하나는 요건 준수를 검증하는 것 외에 좋은 테스트를 해서 실패했을 때 소스상의 이슈를 가능한 한 쉽게 진단할 수 있도록 하는 것이다.

이를 위해서는 테스트의 이름을 지정하는 것이 매우 중요하다. 또한 모델을 검증할 때 사용할 여러 데이터 세트를 신중하게 선택해야 한다. 예를 들면 다음과 같다.

- 간단한 데이터와 너무 제한되지 않은 성능 임곗값을 사용하여 고정된(자동적으로 갱신되지 않는) 데이터 세트로 테스트를 먼저 수행하는데, 이를 '기반 사례(base case)'라고 한다. 테스트 보고서에 이 테스트가 실패한 것으로 표시된다면 모델이 크게 빗나갔을 가능성이 크고, 그 원인은 프로그래밍 오류 또는 모델의 오용일 수 있다.
- 그런 다음, 하나씩 특이 사항(결측값, 극단적인 값 등)이 있는 여러 데이터 세트에 대해 세트별로 적절한 이름을 붙여 테스트를 수행하면, 각 테스트의 결과 보고서에는 특정 값으로 인해 모델이 실패한 것임이 즉시 드러날 수 있다. 이런 데이터 세트들은 현실적이고 주목할 만한 사례다. 그런데 상용 환경에서 예상할 수 없는 합성 데이터를 생성할 때도 이런 데이터 세트를 사용할 수 있다. 이를 통해 아직 발생하지 않은 새로운 상황으로부터 모델을 보호할 수 있지만, 무엇보다 가장 중요한 용도는 시스템적인 요청 혹은 적대적 공격 시 발생할 수 있는 오작동을 방지할 수도 있다는 점이다(이에 대해서는 5.6절에서 다룬 바 있다).
- 그 외에 모델 검증의 필수적인 부분으로 최신 상용 데이터를 기반으로 수행하는 테스트가 있다. 하나 또는 여러 데이터 세트를 사용하고 다양한 기간별로 추출하여 적절한 이름을 붙여야 한다. 모델이 상용 배포될 때 이런 종류의 테스트가 수행되어야 하고 자동으로 분석되어야 한다. 7장에서 수행 방법에 대해 구체적으로 설명한다.

이러한 테스트를 최대한 자동화해야 하는데, 이는 실제로 효율적인 MLOps의 핵심 요소가 된

다. 자동화나 속도가 부족하면 시간을 낭비하게 되지만, 이보다 더 중요한 점은 개발 팀이 테스트와 배포를 자주 하지 못하게 된다는 사실이다. 결과적으로 버그 발견이나 설계 방향 결정에 지연을 불러와 상용에 반영할 수 없는 상황에 처할 수 있다.

극단적인 경우, 개발 팀은 몇 개월 동안 수행한 프로젝트 결과물을 상용 인프라의 요구사항을 충족하지 못한 채 배포 팀에 전달하게 되고, 배포 팀은 배포 불가로 판정할 수 있다. 또한 배포 빈도가 낮다는 것은 배포 단위가 더 커져 관리하기가 더 어렵다는 것을 의미한다. 한 번에 많은 변경 사항을 배포한 후 시스템이 원하는 방식으로 작동하지 않을 경우, 문제의 원인을 격리하는 데 더 많은 시간이 들어간다.

소프트웨어 엔지니어링 분야에서 지속적 통합에 가장 널리 사용되는 도구는 젠킨스^{Jenkins}다. 젠킨스는 프로그래밍 언어나 테스트 프레임워크 등에 관계없이 CI/CD 파이프라인을 구축할 수 있는 매우 유연한 개발 시스템이다. 다른 솔루션도 많지만, 데이터 사이언스 분야에서도 젠킨스를 CI/CD 파이프라인을 조율하는 데 사용할 수 있다.

6.3 배포 전략

배포 파이프라인을 속속들이 이해하려면 일관되지 않게 사용되거나 자주 혼동되는 개념을 구별해야 한다.

통합Integration

중앙 리포지토리^{repository}에 대한 기여^{contribution} 부분을 병합(일반적으로 개별 기능에 대한 Git 분기를 main 분기에 병합함)하고 다소 복잡한 테스트를 수행하는 프로세스다.

전달Delivery

CI/CD의 CD$^{Continuous\ Delivery}$ 부분에서 사용되는 것과 같이, 상용 환경에 배치할 준비가 된 모델에서 완전 패키징되고 검증된 버전을 개발하는 프로세스다.

배포Deployment

대상 인프라에서 모델의 새 버전을 실행하는 프로세스다. 완전히 자동화된 배포가 항상 실용적이거나 바람직한 건 아니며, 기술적인 결정이자 비즈니스적인 결정에 해당한다. 반면, 지속적인 전달은 개발 팀이 생산성과 품질을 개선하고 진행 상황을 보다 안정적으로 측정할 수 있는 도구다. 지속적인 전달은 지속적인 배포에 필수적이지만, 지속적인 배포 없이 지속적인 전달만으로도 엄청난 가치를 제공할 수 있다.

출시|Release

원칙적으로, 모델의 어떤 버전을 배포(상용 인프라에 대한 배포도 포함한다)한다고 해서 반드시 상용 환경의 부하workload가 새 버전으로 전달되는 것은 아니기 때문에 출시는 또 다른 단계라 할 수 있다. 곧 알게 되겠지만, 모델의 여러 버전을 상용 인프라에서 동시에 실행할 수도 있다.

MLOps 프로세스에 관계된 모든 사람이 이러한 개념의 의미와 적용 방법을 동일한 수준으로 이해할 수 있다면, 기술적인 부분과 비즈니스적인 부분 모두에서 절차가 원활해질 수 있다.

6.3.1 모델 배포의 종류

다양한 배포 전략과 함께 모델 배포에 접근하는 두 가지 방법이 있다.

- 일괄 스코어링(batch scoring): 모델을 사용하여 전체 데이터 세트를 처리한다. 매일 예약된 작업과 같은 방식을 사용한다.
- 실시간 스코어링(real-time scoring): 한 가지 혹은 적은 양의 기록을 점수 매긴다. 웹사이트에 광고가 표시될 때 표시할 항목을 결정하기 위해 모델이 사용자 세션에 점수를 매기는 것과 같은 방식이다.

이 두 가지 접근 방식 사이에는 연속성이 있다. 게다가 어떤 시스템에서는 하나의 기록에 대해 점수를 매기는 것이 하나의 묶음batch에 하나의 기록을 포함하여 일괄적으로 점수를 매기는 것과 기술적으로 동일하다. 두 경우 모두 모델의 여러 인스턴스를 배포하여 처리량을 높이고 대기 시간을 단축할 수 있다.

개념적으로 보면 실시간 스코어링 시스템을 배포하는 것이 더 간단하다. 몇 가지 시스템(예를 들면, 로드 밸런서) 사이에서만 기록을 주고받기 때문이다. 일괄 스코어링 시스템은 병렬 처리parallel processing가 가능하여, 아파치 스파크Apache Spark와 같은 병렬 처리 런타임을 적용할 수 있고, 혹은 데이터 세트를 분할(파티셔닝partitioning 혹은 샤딩sharding이라 부른다)하여 개별적으로 점수를 매길 수도 있다. 이러한 데이터 분할과 계산에 대한 두 가지 개념은 각기 다른 문제를 해결할 수 있기 때문에 조합하여 사용할 수 있다.

6.3.2 모델 상용 배포 시 고려 사항

모델의 새 버전을 상용 환경으로 보낼 때 가장 먼저 고려해야 할 사항은 다운타임downtime을 줄이는 것으로, 특히 실시간 스코어링에서는 필수 고려 사항이다. 기본 개념은 단순히 시스템을 끄고 업그레이드한 후 다시 켜는 것이 아니라, 새로운 시스템을 별도로 구축하고 기능적인 검증이 끝나면 부하workload를 기존 상용 시스템에서 신규 시스템으로 방향을 바꾸는 것이다. 신규 시스템이 정상 상태를 유지하면 이전 시스템을 종료한다. 이러한 배포 전략을 청색-녹색blue-green 배포라 부르며, 때에 따라 빨강-검정red-black 배포라 부르기도 한다. 여기서 분화된 다양한 방법론과 관련 프레임워크(예를 들어, 쿠버네티스Kubernetes)가 존재한다.

리스크를 완화하는 또 다른 고급 솔루션으로 카나리 출시canary release(혹은 카나리 배포canary deployment)가 있다. 모델의 안정적인 버전은 상용 환경에 유지한 채 부하중 일정 비율을 새 모델로 전달하여 결과를 모니터링한다. 이 전략은 보통 실시간 스코어링을 위해 구현하지만, 묶음 처리에서도 고려해볼 수 있다.

몇 가지 계산 성능 및 통계 테스트를 수행하여 새 모델로 완전히 전환할지 여부를 결정할 수 있다. 완전히 전환하기 위해서는 남은 부하만 모두 새 모델로 전달하면 된다. 이 방식을 사용하면 오작동이 부하 중 일부에만 영향을 미치게 된다.

카나리 출시를 상용 시스템에서 활용하면 오작동이 발생할 수 있으나 영향을 끼치는 범위가 제한된다. 카나리 모델에서 처리하는 스코어링 쿼리를 주의 깊게 선택해야 한다. 그렇지 않을 경우, 일부 이슈를 인지하지 못한 채 지나칠 수 있다. 예를 들어, 카나리 모델을 전 세계에 완전히 출시하기 전에 일부 지역 혹은 국가에만 작은 비율로 서비스하는 경우(머신러닝 또는 인프라상의 이유로), 모델이 다른 지역에서는 예상대로 작동하지 않는 상황이 발생할 수 있다.

보다 견고한 접근법은 새 모델로 서비스 받는 사용자를 무작위로 뽑는 방식이지만, 사용자가 동일한 버전의 모델을 사용하도록 친화도affinity 메커니즘을 적용하는 편이 사용자 경험에는 바람직하다.

두 가지 버전의 응용 프로그램을 비즈니스 성능 지표 기준으로 비교하는 A/B 테스트에 카나리 테스트를 사용할 수 있다. 두 개념은 서로 연관되어 있으나 단계가 다르다. A/B 테스트는 카나리 출시를 통해서 수행할 수도 있지만, 응용 프로그램 내에 로직을 직접 추가하여 구현할 수도 있다. 7장에서는 A/B 테스트 설정의 통계적 측면에 대해 자세히 설명한다.

전반적으로 보면 카나리 출시는 강력한 방법이지만, 배포 관리, 지표 수집, 지표 지정 및 통계 도출, 결과 표시, 경고 발송 및 처리 등의 작업을 처리하기 위해서는 다소 고도화된 도구가 필요하다.

6.3.3 상용 환경의 유지보수

모델을 출시한 뒤에는 유지보수를 해야 한다. 높은 수준에서 유지보수하는 데 필요한 세 가지 조치는 다음과 같다.

자원 모니터링 Resource monitoring

서버에서 실행 중인 애플리케이션과 마찬가지로, CPU, 메모리, 디스크 또는 네트워크 사용량과 같은 IT 지표를 수집하여 문제를 감지하고 해결할 수 있다.

상태 점검 Health check

모델이 실제로 온라인 상태인지 확인하고 지연시간을 분석하기 위해서는, 고정된 간격(1분 단위)으로 모델에 요청하고 결과를 기록하는 방식의 상태 점검 메커니즘을 구현하는 것이 일반적이다.

머신러닝 지표 모니터링ML metrics monitoring

모델의 정확성을 분석하고 다른 버전과 비교하거나 모델 성능이 떨어졌는지 감지하는 것이다. 많은 계산이 필요할 수 있으므로 일반적으로 모니터링 빈도가 낮지만 응용 프로그램에 따라 다르다. 일반적으로 일주일에 한 번 수행된다. 7장에서 이 피드백 루프에 대해 자세히 설명한다.

마지막으로, 오작동을 감지하면 이전 버전으로 롤백rollback해야 할 수 있다. 롤백 절차를 언제나 가능하고 최대한 자동으로 이루어지도록 준비하는 것이 중요하다. 정기적으로 테스트하여 제대로 작동하는지 확인해야 한다.

6.4 컨테이너화

앞서 설명했듯이, 모델 버전을 관리하는 것은 단순히 버전 제어 시스템에 코드를 저장하는 것이상이다. 특히 환경에 대한 상세한 내용(예를 들어, 사용되는 모든 Python 라이브러리의 종류 및 버전, 설치해야 하는 시스템 종속성 등)을 제공해야 한다.

그러나 이러한 메타데이터를 저장하는 것만으로는 충분하지 않다. 상용 배포 과정에서 대상 시스템에 이 환경을 자동적·안정적으로 재구성해야 한다. 또한 대상 시스템에서는 일반적으로 여러 모델을 동시에 실행하고, 두 모델 간에 종속된 라이브러리의 종류나 버전에 차이가 있을 수 있다. 마지막으로, 동일한 장비에서 실행되는 여러 모델은 자원을 두고 경합할 수 있고, 모델 하나에서 오작동이 발생하면 공동 호스팅된 다른 모델의 성능도 저하될 수 있다.

컨테이너화 기술은 이러한 과제를 해결하기 위해 점점 더 많이 사용되고 있다. 이러한 도구는 응용 프로그램뿐만 아니라 여러 운영 환경에서 실행하는 데 필요한 모든 관련 구성 파일, 라이브러리 및 종속성을 번들로 함께 제공한다. 가상 머신VM과 달리 컨테이너는 운영 체제를 완전히 복제하지 않는다.

가장 잘 알려진 컨테이너화 기술은 오픈소스 플랫폼 도커Docker다. 2014년에 출시되었고, 사실상의 표준이 되었다. 응용 프로그램을 패키징하여 서버(도커 호스트)로 전송하고 다른 응용 프로그램과 격리된 상태로 실행할 수 있다.

많은 모델을 수용하고 각 모델의 사본 여러 개를 실행할 수 있는 모델 서비스 환경 기반을 구축하려면 여러 개의 도커 호스트가 필요할 수 있다. 모델을 배포할 때 프레임워크는 다음과 같은 여러 가지 문제를 해결해야 한다.

- 어느 도커 호스트가 컨테이너를 받아야 하는가?
- 모델을 여러 복사본으로 배포할 때 부하의 균형을 어떻게 맞출 수 있는가?
- 모델이 응답하지 않으면 어떤 일이 발생하는가? 예를 들어 모델을 호스팅하는 장비에 장애가 발생하면 어떻게 되는가? 어떻게 그것을 감지하고 컨테이너를 다시 프로비저닝(provisioning)할 수 있는가?
- 모델이 여러 장비에서 실행 중이라면 어떻게 업그레이드할 것인가? 이전 버전과 새 버전이 켜지고 꺼지는 순서에 문제가 없도록 로드 밸런서를 설정할 수 있는가?

쿠버네티스는 지난 몇 년간 많은 관심을 얻어 컨테이너 오케스트레이션의 표준이 된 오픈소스 플랫폼으로서, 이러한 문제들을 크게 단순화한다. 쿠버네티스 클러스터라고 불리는 도커 호스트 그룹에서 애플리케이션을 실행할 수 있는 강력한 선언적 API를 제공한다. 선언형declarative 이라는 단어는 컨테이너를 설정하고 모니터링하고 업그레이드하고 중지하고 연결하는 단계를 (복잡하고 오류가 발생하기 쉬운) 코드로 표현하는 대신, 사용자가 원하는 상태를 구성 파일에 저장하며 쿠버네티스가 이를 알아서 처리하고 유지보수하는 것을 의미한다.

예를 들어, 사용자가 쿠버네티스에 '항상 이 컨테이너의 인스턴스 4개가 실행되도록' 이라고 지정하면 쿠버네티스가 호스트를 할당하고 컨테이너를 시작하고 모니터링하며 그것들 중 하나가 실패할 경우 새 인스턴스를 시작한다. 마지막으로, 주요 클라우드 제공자들은 모두 관리형 쿠버네티스 서비스를 제공하는데, 사용자는 쿠버네티스 자체를 설치하고 유지 관리할 필요도 없다. 응용 프로그램이나 모델이 도커 컨테이너로 패키징된 경우 사용자가 직접 업로드할 수 있고, 서비스 자체적으로 쿠버네티스 내에서 컨테이너의 하나 또는 여러 인스턴스를 실행하기 위해 필요한 시스템을 프로비저닝한다.

쿠버네티스와 결합된 도커는 머신러닝 모델을 포함한 응용 프로그램을 호스팅할 수 있는 강력한 인프라를 제공할 수 있다. 이러한 제품을 활용하면 청색-녹색 배포나 카나리 출시와 같은 배포 전략의 구현을 간소화할 수 있다. 하지만 쿠버네티스나 도커가 배포된 응용 프로그램의 특성을 인식하지는 못하므로 머신러닝 성능 분석의 관리 기능이 기본적으로 존재하는 것은 아니라는 점을 인지해야 한다. 그 외에 이러한 유형의 인프라가 지닌 또 다른 주요 이점은 모델의 배포를 쉽게 확장할 수 있다는 점이다.

6.5 배포 확장

머신러닝 채택이 증가함에 따라 조직은 다음과 같은 두 가지 유형의 성장 문제에 직면한다.

- 상용 환경에서 모델을 대규모 데이터와 함께 사용할 수 있는 기능
- 매우 많은 수의 모델을 학습시킬 수 있는 능력

쿠버네티스와 같은 프레임워크를 사용하면 실시간 스코어링에서 더 많은 데이터를 훨씬 더 쉽게 처리할 수 있다. 학습된 모델의 대부분은 본질적으로 수학 공식과 유사하기 때문에 필요한 만큼 클러스터에서 복제할 수 있다. 쿠버네티스의 오토스케일링auto-scaling 기능을 통해 새로운

장비 프로비저닝과 로드 밸런싱 모두 완벽하게 처리할 수 있고, 대규모 스케일링 기능을 갖춘 시스템을 설정하는 것도 비교적 간단하다. 다만 많은 양의 모니터링 데이터를 처리하는 일이 상당히 어려울 수 있다. 7장에서 이 문제에 대해 상세히 알아본다.

확장 가능하고 탄력적인 시스템

컴퓨팅 시스템이 처리 능력을 확장하기 위해 컴퓨터를 점진적으로 추가할 수 있다면, 수평적으로 확장 가능한scalable 시스템이라고 말할 수 있다. 예를 들어, 쿠버네티스 클러스터는 수백 대의 장비로 확장될 수 있다. 그러나 시스템에 장비가 하나뿐이라면 시스템을 점진적으로 업그레이드 하기가 어려울 수 있으며, 어느 시점에는 더 큰 시스템 또는 수평적으로 확장 가능한 시스템으로 마이그레이션migration해야 한다. 비용이 많이 들고 서비스를 중단해야 할 수도 있다.

탄력적인elastic 시스템을 사용하면 확장 가능할 뿐만 아니라 컴퓨팅 요구사항에 맞게 리소스를 쉽게 추가하고 제거할 수 있다. 예를 들어, 클라우드상의 쿠버네티스 클러스터에는 클러스터 사용량 지표가 높을 때 시스템을 자동으로 추가하고, 낮을 때 시스템을 제거하는 자동 확장 기 능이 있을 수 있다. 원칙적으로 탄력적인 시스템은 리소스 사용을 최적화할 수 있고, 거의 필요 하지 않은 리소스를 영구적으로 프로비저닝하지 않고도 사용량 증가에 따라 자동으로 적응할 수 있다.

일괄 스코어링의 경우 상황이 더 복잡할 수 있다. 데이터양이 너무 많아지면, 기본적으로 계산 을 분산시키는 전략으로 두 가지가 있다.

- 기본적으로 분산 컴퓨팅이 가능한 프레임워크, 특히 스파크(Spark)를 사용하는 방법. 스파크는 오픈소스 분 산 컴퓨팅 프레임워크다. 스파크와 쿠버네티스는 유사한 역할을 수행하지 않으며 조합하여 사용할 수 있다. 쿠 버네티스는 컨테이너를 조정(orchestrate)하지만 컨테이너가 실제로 무엇을 하는지 알지 못한다. 쿠버네티 스는 단지 하나의 호스트에서 응용 프로그램을 실행하는 컨테이너일 뿐이다. 특히 쿠버네티스는 데이터 처리 와 무관하고, 어떤 종류의 응용 프로그램이든 실행할 수 있을 뿐이다. 스파크는 연산 프레임워크로서 자신의 노드에 데이터와 계산을 분할할 수 있다. 스파크를 사용하는 현대적인 방법은 쿠버네티스를 사용하는 것이다. 스파크에서 작업을 실행하는 순서는 다음과 같다. 우선 쿠버네티스로 원하는 수의 스파크 컨테이너를 시작한 다. 시작되고 나서, 스파크 컨테이너들은 연산을 완료하기 위해 서로 통신할 수 있다. 연산을 완료하면 컨테이 너들은 파괴되고 자원을 다른 응용 프로그램이 사용할 수 있도록 반환한다. 반환되는 자원에는 버전이나 의존 성이 다른 스파크에 의해 실행되는 스파크 작업도 포함한다.

- 일괄 처리를 분산하는 또 다른 방법은 데이터를 분할하는 것이다. 여기에는 여러 가지 방법이 있지만, 일반적 인 방법은 다음과 같다. 스코어링은 한 줄 한 줄 진행하는 작업(각 행은 하나씩 점수를 매김)이므로 데이터를 분할하여 여러 컴퓨터가 각자 할당받은 데이터의 하위집합을 읽고 스코어링하는 것이다.

컴퓨팅 측면에서 모델 수를 확장하는 것은 꽤 간단하다. 컴퓨팅 성능을 추가하고 모니터링 인프라가 워크로드를 처리할 수 있도록 하는 게 전부다. 그러나 거버넌스와 프로세스 측면에서 보면 모델 수 확장은 가장 어려운 문제다. 특히 이 문제는 CI/CD 파이프라인이 많은 수의 모델을 배포 처리할 수 있어야 함을 의미한다. 모델 수가 증가하면 인적 검증을 체계적이거나 일관되게 진행할 수 없기 때문에 자동화 및 거버넌스의 필요성이 커진다.

일부 응용 프로그램에서는 자동화된 검증, 카나리 출시, 자동화된 카나리 분석 등으로 리스크를 잘 제어하는 경우 완전 자동화된 지속적 배포를 활용할 수도 있다. 하지만 학습, 모델 개발, 학습 데이터 기반 검증 등의 모든 작업을 하나의 장비가 아닌 클러스터에서 수행해야 하기 때문에, 인프라 측면에서 수많은 과제를 해결해야 할 수 있다. 또한 모델 수가 많을수록 모델별로 CI/CD 파이프라인이 크게 달라질 수 있고, 아무런 조치를 취하지 않는다면 각 팀은 자체적으로 모델별 CI/CD 파이프라인을 개발해야 한다.

이는 효율성과 거버넌스 측면을 고려한 차선책이다. 일부 모델에는 매우 특화된 검증 파이프라인이 필요할 수 있지만, 대부분의 프로젝트에서는 약간의 공통 패턴만 사용해도 충분할 수 있다. 또한 각 파이프라인이 반드시 공통 구조를 공유해야 하는 제약이 없어 각각을 개별적으로 구축하였고 어떤 프로그래밍 방법을 동원하더라도 안전하게 업데이트할 수 있다는 보장이 없다면, 결국 유지보수는 훨씬 더 복잡해진다. 모범 실천 사례와 표준화된 파이프라인을 사용해야 복잡성을 줄일 수 있다. 예를 들어, 넷플릭스는 지속적 배포 및 인프라 관리 플랫폼인 스피네이커Spinnaker를 오픈소스로서 출시했다.

6.6 요구사항과 도전 과제

모델을 배포할 때 가능한 몇 가지 시나리오가 있다.

- 모델 하나를 서버 한 대에 배포
- 모델 하나를 여러 서버에 배포
- 한 모델의 여러 가지 버전을 서버 한 대에 배포
- 한 모델의 여러 가지 버전을 여러 서버에 배포
- 여러 모델의 여러 가지 버전을 여러 서버에 배포

효과적인 로깅 시스템은 중앙 집중식 데이터 세트를 생성하고, 모델 설계자 또는 머신러닝 엔지니어가 이를 생산 환경 밖에서도 이용할 수 있도록 해야 한다. 구체적으로 얘기하자면 다음과 같은 모든 상황을 처리할 수 있어야 한다.

- 실시간 스코어링이든 일괄 스코어링이든, 시스템은 여러 서버상의 스코어링 로그를 읽고 추출할 수 있다.
- 모델 하나를 여러 서버에 배포하면, 시스템은 여러 서버에 걸쳐 모델에 대한 모든 정보의 매핑 및 집계를 처리할 수 있다.
- 한 모델의 여러 가지 버전을 배포한 경우, 시스템은 여러 서버에 걸쳐 모델의 버전별 정보의 매핑 및 집계를 처리할 수 있다.

도전 과제라는 측면에서, 대규모 머신러닝 응용 프로그램의 경우 데이터를 필터링하고 집계하기 위한 사전 처리 단계가 없으면 생성된 원시 이벤트 로그 수가 문제될 수 있다. 실시간 스코어링 사례의 경우, 스트리밍 데이터를 로깅하려면 유지보수에 상당한 엔지니어링 측면의 역량이 들어가는 완전히 새로운 도구들을 사용해야 한다. 하지만 두 경우 모두 모니터링의 목적이 일반적으로 집계된 지표를 추정하는 것이기 때문에 예측 데이터의 하위집합만 저장하더라도 문제없다.

6.7 마치며

상용 환경에 배포하는 것은 MLOps의 핵심 구성 요소다. 이번 장에서 설명했듯이, 적절한 프로세스와 도구를 갖추면 배포 작업을 신속하게 수행할 수 있다. 좋은 소식은 성공하기 위한 여러 요소 중 다수가, 특히 CI/CD 모범 실천 사례가 새로운 것은 아니라는 점이다. 각 팀이 머신러닝 모델에 적응하는 방법을 이해하면, 조직은 MLOps가 비즈니스와 함께 확대 적용됨에 따라 같이 확장할 수 있는 좋은 기반을 확보했다고 할 수 있다.

CHAPTER 7

모니터링과 피드백 루프

머신러닝 모델을 상용 배포하면, 즉시 품질 저하가 빠르게 일어나기 시작하거나 아무런 경고 없이 너무 늦은 상황에 처할 수 있다. 즉, 비즈니스에 부정적인 영향을 즉각적으로 미칠 수 있다. 이것이 바로 모델 모니터링이 머신러닝 모델 생애주기에서 중요한 단계이자 MLOps의 중요한 부분이기도 한 이유다(전체 생애주기의 일부로서 [그림 7-1]에 표현하였다).

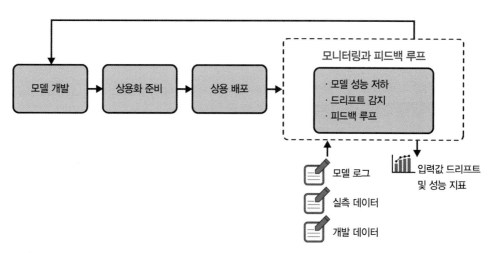

그림 7-1 머신러닝 모델 생애주기 내의 모니터링과 피드백 루프

머신러닝 모델은 두 가지 관점에서 모니터링해야 한다.

• **자원 관점:** 모델이 상용 환경에서 올바르게 실행되고 있는지 확인하는 일도 포함한다.

주요 확인 사항은 다음과 같다. 시스템이 살아 있는가? CPU, RAM, 네트워크 사용량 및 디스크 공간이 예상한 수준 내에 있는가? 요청을 예상한 수준의 속도로 처리하고 있는가?

- **성능 관점:** 시간의 흐름에 따라 모델이 적절히 작동하는지 모니터링하는 것을 의미한다.

  주요 확인 사항은 다음과 같다. 모델이 새로 들어오는 데이터 패턴을 여전히 정확하게 표현하고 있는가? 설계 단계에서 예상한 수준으로 성능이 제대로 발휘되고 있는가?

첫 번째 관점은 여러 문헌에서 광범위하게 다뤄진 전통적인 DevOps 주제다(6장에서 다룬다). 반면에 두 번째 관점은 다소 복합적이다. 왜 그럴까? 모델의 수행 역량은 모델의 학습 데이터를 반영하기 때문이다. 즉, 학습 데이터가 실시간 요청 데이터를 어느 정도까지 커버하는지에 따라 성능이 달라진다. 세상이 끊임없이 변화함에 따라 정적인 모델은 새로운 데이터를 끊임없이 전달받지 않는 이상 새롭게 등장하고 발전하는 패턴을 따라잡을 수 없다. 편차가 큰 경우에는 하나의 예측 결과만으로도 감지할 수 있다(5장을 참고하자). 그러나 편차가 유의미하지만 작은 경우 (실측 데이터 유무에 관계없이) 스코어링된 데이터 세트에서 통계적으로 감지해야 한다.

모델 성능 모니터링은 이러한 성능 하락을 추적하고, 적절한 시점에 현실에 대해 더 대표성을 띠는, 즉 현실을 더 잘 반영하는 데이터를 활용하여 모델을 재학습시키도록 촉발한다. 이번 장에서는 데이터 팀이 모니터링과 후속 재학습을 모두 처리하는 방법에 대해 자세히 설명하겠다.

7.1 모델을 얼마나 자주 재학습시켜야 할까?

모니터링 및 재학습과 관련한 주요 질문 중 하나는 '모델을 얼마나 자주 재학습시켜야 할까?'다. 안타깝게도 이 질문에 대한 답은 다음과 같은 많은 요소에 따라 달라질 수 있기 때문에 쉽게 답할 수 없다.

도메인domain

사이버 보안 또는 실시간 거래와 같은 분야의 모델은 이러한 분야의 내재된 특징인 지속적인 변화에 맞춰 정기적으로 업데이트해야 한다. 음성 인식과 같은 물리적 모델은 패턴이 자주 바뀌거나 급격히 바뀌지 않기 때문에 일반적으로 더 안정적이다. 하지만 물리적으로 훨씬 더 안정적이라 하더라도 변화에 적응할 필요는 있다. 만약 누군가 감기에 걸려 목소리가 변했다면 음성 인식 모델은 어떻게 반응할까?

비용cost

조직은 재학습 비용을 들일 만큼 성능을 개선할 가치가 있는지 고려해야 한다. 예를 들어 전체 데이터 파이프라인을 실행하고 모델을 재학습시키는 데 일주일이 걸린다 하더라도 아주 조금이나마 개선할 가치가 있는가?

모델 성능model performance

어떤 경우에는 학습 데이터의 수량에 한계가 있어 모델 성능에 제한이 있을 수 있다. 이런 경우, 재학습 여부는 새 데이터를 충분히 수집했는가에 달려 있다.

도메인이 어느 분야이든, 실측 데이터를 얻기 위해 필요한 시간이 최소 재학습 기간을 정하는 핵심이다. 예측 시점과 실측 데이터 입수 시점 사이의 지연시간보다 더 빠르게 변화될(드리프트가 발생할) 가능성이 있다면, 해당 예측 모델을 사용하는 것은 매우 위험하다. 왜냐하면, 이런 경우에는 드리프트에 대응하여 모델을 재학습시킬 수 없으므로 모델을 중지시키는 것 외에는 다른 방안이 없어 나쁜 결과를 보일 수밖에 없기 때문이다. 즉, 실측 데이터 획득에 1년의 지연이 있는 모델은 1년에 몇 번 밖에 재학습시킬 수 없다.

같은 이유로, 이 지연시간보다 더 짧은 기간 동안 수집한 데이터로는 모델을 학습해봐야 소용없다. 즉, 재학습 주기는 지연시간보다 더 짧아질 수 없다. 모델 재학습을 지연시간보다 훨씬 더 자주 해본들 모델의 성능에 미치는 영향은 미미할 것이다.

조직 관점에서 재학습 빈도와 관련하여 고려해야 할 두 가지 경계가 있다.

상위 경계upper bound

매년 한 번씩 재학습을 실시하여 담당 팀이 필요한 기술을 갖췄는지(직원의 이직 가능성, 즉 모델을 재학습시키는 사람이 모델을 만든 사람이 아닐 가능성을 고려해야 한다)와 컴퓨팅 툴 체인toolchain이 아직 작동하는지 확인하는 게 좋다.

하위 경계lower bound

예를 들어, 사용자가 예측 후 몇 초 이내에 제품 제안을 클릭하게 되는 추천 엔진 같이, 거의 즉

각적인 피드백을 얻을 수 있는 모델이 있다고 하자. 고도화된 배포 체계에서는 모델이 예상대로 작동하는지 확인하기 위해 섀도우 테스트shadow test 또는 A/B 테스트를 포함한다. 이는 통계적 검증이기 때문에 필요한 정보를 수집하는 데 시간이 걸린다. 결국, 필연적으로 재학습 기간에 필요한 최소한의 시간을 설정해야 한다. 또한 배포가 간단하다 하더라도 프로세스에서 인적 검증이나 수동 롤백 가능성을 허용하고 있기 때문에 하루에 한 번 이상 재학습을 수행할 수 없다.

따라서 재학습 주기는 하루에 한 번에서 일 년에 한 번 사이일 가능성이 매우 높다. 원래 학습시켰던 방식과 동일하게 재학습시키고 환경도 동일하게 설정하는 가장 간단한 방식도 가능하다. 일부 극단적인 경우 초기 학습은 개발 환경에서 수행했더라도 재학습은 상용 환경에서 수행해야 할 수도 있으나, 재학습 방법 자체는 보통 초기 학습 방법과 동일하므로 그리 크게 어려워지지는 않는다. 하지만 언제나 그렇듯 여기에도 예외가 있다. 바로 온라인 학습이다.

온라인 학습

경우에 따라 팀은 반복적으로 학습시킬 수 있는 전용 알고리즘을 사용하여 기존 수동 머신러닝 파이프라인의 자동화 방식보다 한 단계 더 고도화해야 할 수 있다. 반면, 표준 알고리즘의 경우 딥러닝 알고리즘을 제외하면 대부분 처음부터 다시 학습시켜야 한다.

이러한 알고리즘은 개념적으로 보면 매력적이지만 설정에 더 많은 비용이 든다. 설계자는 테스트 데이터 세트로 모델의 성능을 테스트해야 할 뿐만 아니라 데이터가 변경되는 경우에도 작동을 검증해야 한다. 알고리즘을 배포한 후에는 잘못된 학습을 개선하기 어렵다. 또한 각 학습이 이전 단계에 재귀적으로 의존하는 경우 잘못된 작동을 이해하려면 모든 단계를 진행해야 하므로 작동을 재현하기 어렵다. 이러한 이유로 데이터가 변경되는 경우도 검증해야 한다. 또한 이러한 알고리즘은 무상태stateless가 아니다. 즉, 동일한 데이터에 대해 두 번 실행하면 첫 번째 실행에서 학습하여 변화하기 때문에 동일한 결과를 얻을 수 없다.

교차 검증처럼 이 프로세스를 수행하는 표준 방법이 존재하지 않기 때문에 설계 비용이 더 많이 든다. 온라인 머신러닝은 상태-공간state-space 모델과 같은 성숙된 기술을 활용하는 활발한 연구 분야이지만, 효과적으로 사용하려면 상당한 기술이 필요하다. 또한 온라인 학습은 보통 스트리밍 분야에서 유용하지만, 미니 배치mini batch 방식으로도 충분히 대응할 수 있다.

어떤 경우에도 일정 수준의 모델 재학습은 반드시 필요하다. '왜'의 문제가 아니라 '언제'의 문제일 뿐이다. 재학습을 고려하지 않고 머신러닝 모델을 배포하는 것은 파리에서 승무원 없이 항공

기를 정확한 방향으로 띄우고 아무런 제어 없이 뉴욕에 안전하게 착륙하기를 바라는 것과 같다.

다행스러운 점은 처음에 이미 모델을 학습시키는 데 충분한 데이터를 수집했다면 대부분의 재학습 방법을 활용할 수 있다는 것이다(교차 학습한 모델을 다른 맥락에서 활용하는 경우에는 불가능하다. 예를 들어, 한 국가의 데이터로 학습한 모델을 다른 국가에서 사용하는 경우다). 결국 조직은 배포한 모델의 드리프트 및 정확성에 대한 모니터링과 알림이 쉽게 수행되도록 프로세스를 수립하고 명확히 이해해야 한다. 이상적인 방안은 모델 성능 저하 검사를 자동으로 수행하도록 머신러닝 파이프라인을 수립하는 것이다.

하지만 모니터링 알림의 목표가 꼭 재학습, 검증, 배포와 관련된 자동화된 프로세스를 시작하는 것만은 아니다. 모델 성능은 다양한 이유로 변경될 수 있으며, 재학습이 항상 정답은 아닐 수 있다. 따라서 핵심은 데이터 과학자에게 변화에 대해 경고하는 것이다. 그러면 경고를 인지한 사람이 문제를 진단하고 다음 조치 방안을 결정할 수 있다.

따라서 데이터 과학자와 그들의 관리자 그리고 조직 전체(여기서 조직은 최종적으로 모델 성능 저하 및 후속 변경에 의한 비즈니스상의 결과를 처리해야 하는 법적 실체를 말한다)가 MLOps 및 머신러닝 모델 생애주기의 일부가 되어 모델의 성능 저하를 이해하는 것이 중요하다. 실제로 모든 배포된 모델은 유의미한 비즈니스 성능 저하가 있는지 최대한 신속하게 감지할 수 있도록, 모니터링할 지표와 관련 경고의 전달 여부를 판정할 임곗값을 모두 제공해야 한다. 다음 절에서는 특정 모델에 대해 이러한 지표를 정의할 수 있도록 지표 자체를 이해하는 데 중점을 두겠다.

7.2 모델 성능 저하

머신러닝 모델을 학습시키고 상용 배포한 뒤에 성능 저하를 모니터링하는 방법은 두 가지로서, 실측 데이터ground truth 평가와 입력값 드리프트input drift 감지가 있다. 최선의 전략을 선택하려면 이러한 접근 방법의 배경에 놓인 이론과 한계를 반드시 이해해야 한다.

7.2.1 실측 데이터 평가

실측 데이터 기반 재학습에는 레이블 작업이 필요하다. 예를 들어, 이상 거래 탐지 모델에서 실측 데이터는 특정 거래가 실제로 사기인지 여부일 것이다. 추천 엔진의 경우에는 고객이 추천 제품 중 하나를 클릭했는지(혹은 궁극적으로 구매했는지) 여부다.

새로운 실측 데이터를 수집하고 나면, 다음 단계는 실측 데이터를 기반으로 모델의 성능을 도출하고 학습 단계에서 등록된 지표와 비교하는 것이다. 차이가 임곗값을 초과하면 모델은 현행화되지 않은 것으로 간주할 수 있고 재학습해야 한다.

모니터링할 지표는 다음 두 종류다.

- 정확도, ROC AUC(*https://oreil.ly/tY9Bg*), 로그 손실 등과 같은 통계 지표: 모델 설계자는 최상의 모델을 선택하기 위한 기준으로서 지표를 이미 선택했을 것이고, 이 지표가 모니터링할 지표 중 첫 번째 후보다. 평균적 성능만으로 충분하지 않은 더 복잡한 모델의 경우 하위집단에서 계산한 지표를 살펴봐야 할 수도 있다.
- 비용-이익 평가와 같은 비즈니스 지표: 예를 들어 신용 평가 비즈니스의 경우, 자체적으로 지표를 개발한다 (*https://oreil.ly/SqOr5*).

첫 번째 종류의 지표는 도메인에 구애받지 않는다는 점이 주요 장점으로, 데이터 과학자 입장에서는 임곗값을 설정하기가 편하다. 의미 있는 경고를 최대한 빨리 받기 위해, 관측된 감소가 무작위 변동으로 인한 것이 아닐 확률을 평가하기 위한 p-값 계산을 할 수도 있다.

통계 입문: 귀무가설부터 p-값까지

귀무가설[null hypothesis]에 따르면 비교되는 변수 사이에는 아무런 관계가 없고, 모든 결과는 순전히 우연에 기인한다. 대립가설[alternative hypothesis]에 따르면 비교되는 변수끼리 서로 연관되어 있고, 결과는 우연에 의한 것이 아니며 고려하고 있는 이론을 뒷받침하는 데 유의미하다. 통계적 유의성의 수준은 종종 0과 1 사이의 p-값[p-value]으로 표현한다. p-값이 작을수록 귀무가설을 기각해야 한다는 증거가 강해진다.

문제는 통계적으로 유의미한 하락이 있지만 뚜렷한 영향은 없을 수 있다는 점이다. 혹은 재배포와 관련된 재학습 비용과 리스크가 예상되는 이득보다 높을 수도 있다. 비즈니스 지표는 일반적으로 금전적 가치와 연관되어 있어 훨씬 흥미롭다. 이를 활용하여 직무 전문가는 재학습 여부 결정과 관련된 비용-이익 균형을 더 잘 처리할 수 있다.

할 수만 있다면 실측 데이터 모니터링이 최선의 해결책이다. 하지만 몇 가지 문제가 있다. 다음은 실측 데이터 활용에 따른 세 가지 주요 과제다.

- 실측 데이터는 언제든 즉시 혹은 시간이 얼마 안 걸려 이용할 수 있는 것이 아님: 일부 유형의 모델은 실측 데이터 레이블을 얻기 위해 몇 개월(또는 그 이상)을 기다려야 하며, 이는 모델이 빠르게 저하되는 경우 상당한 경제적 손실로 이어질 수 있음을 의미한다. 앞서 말했듯이, 실측 데이터를 얻기 위한 지연 기간보다 드리프트가 빨리 발생하는 모델은 위험하다. 게다가 정의에 따르면 드리프트는 언제 발생할지 예측할 수 없으므로, 지연 기간이 긴 모델의 경우 리스크 경감 방안이 필요하다.
- 실측 데이터와 예측 결과의 분리: 배포한 모델의 새로운 데이터에 대한 성능을 도출하기 위해서는 실측 데이터와 모델 관측 결과를 서로 연관 지을 수 있어야 한다. 많은 상용 환경에서 이 두 가지 정보는 서로 다른 시스템에서 서로 다른 타임스탬프로 생성되어 저장되기 때문에 연관 짓기가 어렵다. 저비용 모델 또는 수명이 짧은 모델의 경우 자동화된 실측 데이터를 수집할 가치가 없다고 판단할 수도 있다. 하지만 빠르든 늦든 모델을 재학습시켜야 하므로 실측 데이터와 예측 결과를 분리하는 것은 다소 근시안적이라는 점에 유의해야 한다.
- 실측 데이터를 부분적으로만 이용할 수 있음: 어떤 경우에는 모든 관측 결과와 실측 데이터를 연결하기 위해 아주 많은 비용이 들어간다. 그 결과 레이블링할 표본을 선정해야 해서 의도적이지는 않더라도 시스템에 편향이 생긴다.

마지막 과제와 관련한 명확한 사례가 이상 거래 탐지다. 각 거래를 수동으로 검사해야 하고 프로세스가 오래 걸린다는 점을 고려할 때, 의심스러운 거래(즉, 모델이 사기일 확률이 높다고 예측하는 경우)에 대해서만 실측 데이터를 수집하는 것이 적절할까? 언뜻 보기에는 이 접근법이 타당해 보일 수 있지만, 비판적으로 보자면 이 방법은 모델의 결함을 증폭시키는 피드백 루프 Feedback Loop를 만든다. 모델에 반영되지 않은 이상 거래 패턴(즉, 모델이 사기일 확률이 낮다고 예측하는 경우)은 재학습 과정에도 포함되지 않는다.

이 과제에 대한 한 가지 해결책은 무작위 레이블링으로, 거래 중 부분집합을 표본으로 뽑되 사기로 지정한 건을 포함하도록 구성하는 것이다. 또 다른 해결책은 편향된 표본의 가중치를 재조정하는 것으로, 일반적인 모집단에 가깝게 특성을 조정한다. 예를 들어, 시스템이 저소득층에게 거의 신용을 부여하지 않았다면, 모델은 신청자 혹은 일반 인구 분포상의 중요도에 따라 가중치를 조정한다.

어느 해결책이든 레이블링한 표본에 발생 가능한 모든 예측을 포함해야만 학습된 모델이 좋은 예측을 할 수 있다. 이는 모델이 지속적·전반적으로 잘 작동하게 하려면 경우에 따라 차선의 결정을 내려야 할 수도 있음을 의미한다.

이처럼 재학습에 대한 문제를 해결하고 나면, 위 해결책(무작위 레이블링, 가중치 재조정)을 모니터링에서 사용할 수 있다. 입력값 드리프트 감지로 이 접근 방법을 보완하여, 새로운 미개척 도메인과 관련된 실측 데이터를 모델 재학습에 활용할 수 있을지 확인할 수 있다.

7.2.2 입력값 드리프트 감지

앞에서 살펴본 실측 데이터 기반 재학습의 과제와 한계를 고려할 때, 보다 실용적인 방안은 입력값 드리프트 감지가 될 수 있다. 여기서는 드리프트에 대한 기본적인 이론을 간략하지만 깊이 있게 살펴보고, 모델과 데이터가 드리프트될 수 있는 다양한 시나리오를 확인해본다.

UCI 와인 품질 데이터 세트(*https://oreil.ly/VPx17*)를 학습 데이터로 활용하여 보르도Bordeux 와인의 품질에 대한 예측을 목적으로 한다고 가정하자. 해당 데이터에는 포르투갈 와인인 빈호 베르데Vinho Verde의 레드 및 화이트 품종에 대한 정보와 함께 0에서 10 사이에 분포하는 품질 점수가 들어 있다.

각 와인에 대해 '종류, 고정 산도, 휘발성 산도, 구연산, 잔류 당, 염소화물, 유리 이산화황, 총 이산화황, 밀도, pH, 황산염, 알코올 도수'라는 특성을 제공한다.

모델 생성을 단순화하기 위해 좋은 와인은 품질 점수가 7보다 크거나 같은 와인이라고 하자. 그렇다면 목표는 와인의 속성으로부터 품질 점수를 예측하고 좋은 와인인지 아닌지 판정하는 이진binary 모델을 구축하는 것이다.

데이터 드리프트를 시연하기 위해, 원본 데이터 세트를 2개로 명시적으로 분할하겠다.

- wine_alcohol_above_11: 알코올 도수가 11% 이상인 모든 와인을 포함한다.
- wine_alcohol_below_11: 알코올 도수가 11% 미만인 모든 와인을 포함한다.

wine_alcohol_above_11을 분할하여 모델을 학습시키고 스코어링한다. 두 번째 데이터 세트인 wine_alcohol_below_11은 모델을 배포한 후 새로 입력되는 데이터로 간주하고 스코어링한다.

우리는 인위적으로 큰 문제를 만들어냈다. 와인의 품질이 알코올 도수와 무관할 가능성은 매우 낮다. 게다가 두 데이터 세트에서 알코올 도수가 다른 특성들과 서로 다른 방식으로 연관이 있을 수 있다. 예를 들어, 알코올 도수가 높을 때 잔류 당은 더 이상 중요하지 않기 때문에 첫 번째 데이터 세트에서 학습된 내용(잔류 당이 낮고 pH가 높을 경우 와인이 좋을 확률이 높음)이 두 번째 데이터 세트에서는 맞지 않을 수 있다.

수학적으로 말하자면, 각 데이터 세트[1]의 표본은 동일한 분포로 추출되었다고 가정할 수 없다 (즉, 항등 분포identically distributed가 아니다). 한편, 머신러닝 알고리즘이 예상한 대로 작동하도록 보장하려면 또 다른 수학적 속성인 독립성이 필요하다. 예를 들어, 표본이 데이터 세트 내에서 중복된 경우 혹은 이전 표본을 보면 '다음' 표본을 예측할 수 있는 경우 이 속성은 깨진 것이다.

분명히 여러 문제가 발생할 수 있지만, 어쨌든 첫 번째 데이터 세트에서 알고리즘을 학습시킨 다음 배포하여 두 번째 데이터 세트를 입력받는다고 가정하자. 그 결과로 나타나는 분포의 이동을 드리프트라고 한다. 만약 머신러닝 모델이 알코올 도수를 특성 중 하나로 활용한다면 (혹은 알코올 도수가 모델의 다른 특성과 상관관계가 있다면) 특성 드리프트라 부르고, 그렇지 않다면 개념 드리프트라 한다.

7.3 드리프트 감지

앞서 설명했듯이, 적시에 대응하려면 실측 데이터를 기다리지 않고 입력 데이터의 특성 값만 기반으로 하여 모델 작동을 모니터링해야 한다.

데이터 분포(예를 들어, 평균, 표준편차, 특성 간 상관관계)가 학습 및 테스트 단계에서는 이쪽으로 쏠리고 개발 단계에는 저쪽으로 쏠릴 정도로 차이가 나면, 모델의 성능이 각 단계에서 동일하지 않다는 강력한 신호다. 드리프트된 데이터 세트에 대한 재학습은 완벽한 완화 조치가 될 수 없으나, 완화 조치(예를 들어, 더 단순한 모델로 되돌리기, 가중치 재조정하기)의 일부가 될 수는 있다.

7.3.1 데이터 드리프트의 원인에 대한 예시

데이터 드리프트의 원인으로는 보통 다음과 같은 두 가지가 있다.

- **표본 선택의 편향**: 학습 표본이 모집단을 대표하지 않는 경우다. 예를 들어, 할인 프로그램의 효과를 평가하기

---

1 특히 테스트 데이터 세트가 학습 데이터 세트 뒤에 있을 때, 학습 데이터 세트와 테스트 데이터 세트 사이의 드리프트를 평가하는 것이 바람직하다. 자세한 내용은 4.5.1절을 참조하자.

위해 구축한 모델이 최고의 할인을 최고의 고객에게 제안하고 있었다면 편향될 것이다. 선택 편향은 종종 데이터 수집 파이프라인 자체에서 비롯된다. 와인 예시에서 알코올 도수가 11% 이상인 와인만으로 구성한 원본 데이터 세트 표본은 확실히 전체 와인을 대표하지 않는다. 이는 표본이 너무 한쪽으로 치우친 것이다. 알코올 도수가 11% 이상인 와인 표본 몇 개만 두더라도 가중치를 조절하여 상용 환경에서 입력되는 데이터의 분포에 가깝도록 한다면 편향성을 완화할 수 있다. 하지만 이런 작업은 말로는 쉽지만 문제가 되는 특성을 알 수 없거나 특성을 알더라도 가중치 조절에 사용할 수 없는 경우가 많다.

- **끊임없이 변화하는 환경**: 원천(source) 모집단에서 수집한 학습 데이터가 대상(target) 모집단을 대표하지 않는 경우다. 사용 사례 예측과 같이 시간 의존적이고 계절적 효과가 강한 작업에서 자주 발생한다. 이런 경우, 특정 월에 학습한 모델이 다른 월에 대해서는 작동하지 않을 수 있다. 와인 예시에서라면, 원본 데이터 세트의 표본이 특정 연도의 와인만 포함하고 있고 해당 연도가 특히나 품질이 좋은(또는 나쁜) 빈티지 와인의 연도일 수 있다. 그러면 이 데이터로 학습한 모델은 다른 연도에는 쓸 수 없다.

7.3.2 입력값 드리프트 감지 기법

여러 유형의 드리프트를 유발할 수 있는 상황을 이해했다면, 그다음으로 자연스럽게 나올 수 있는 질문은 '드리프트를 어떻게 감지할 수 있는가?'다. 여기서는 일반적인 두 가지 방식을 확인하겠다. 어느 방식을 선택할지는 해석 가능성에 대한 기준을 어느 정도로 정하느냐에 달려 있다.

입증되고 설명 가능한 방법이 필요한 조직이라면 일변량^{univariate} 통계 테스트를 선호할 것이다. 조직이 여러 특성에 대해 동시에 발생하는 복잡한 드리프트를 예상하거나, 데이터 과학자들이 이미 알고 있는 것을 재사용하기를 원하고 블랙박스 효과를 두려워하지 않는다면 도메인 분류기^{domain classifier} 방법도 좋은 선택이 될 수 있다.

일변량 통계 테스트^{Univariate statistical test}

이 방법에서는 각 특성과 관련한 원천 데이터 분포에서 얻은 데이터와 대상 데이터 분포에서 얻은 데이터에 대해 통계적 검정을 수행한다. 해당 검정 결과가 유의미할 경우, 경고를 발생시킨다.

가설 검정 방법은 문헌에서 광범위하게 연구되어 왔지만, 기본적인 접근법은 다음 두 가지다.

- 연속형 특성의 경우, 콜모고로프-스미르노프 검정(Kolmogorov–Smirnov test)이 비모수 가설 검정(nonparametric hypothesis test)으로서, 두 표본이 동일한 분포에서 추출되었는지 여부를 확인하는 데 사용될 수 있다. 실증적 분포 함수(empirical distribution function) 사이의 거리를 측정할 수 있다.

- 범주형 특성의 경우, 카이-제곱 검정(Chi-squared test)이 실용적 선택으로서, 대상 데이터에서 관측된 범주형 특성의 빈도가 원천 데이터에서 보인 예상 빈도와 일치하는지 여부를 확인할 수 있다.

p-값의 주요 장점은 드리프트를 최대한 빨리 감지하는 데 도움이 된다는 것이다. 주요 단점은 효과를 감지할 수는 있지만 효과를 정량적으로 확인할 수 없다는 점이다(즉 큰 데이터 세트의 경우, 완전히 영향이 없을 수도 있는 매우 작은 변화마저 감지한다). 따라서 개발 데이터 세트가 매우 크다면 비즈니스에서 중요한 지표로 p-값을 보완해야 한다. 예를 들어, 충분히 큰 데이터 세트에서 평균 연령이 통계적 관점에서는 상당히 드리프트했을 수 있으나, 드리프트 수준이 고작 몇 개월에 불과하다면 이는 비즈니스적으로 의미가 없을 수 있다.

도메인 분류기|domain classifier

이 접근 방식에서 데이터 과학자는 원본 데이터 세트(입력값 특성 및 선택 사항으로 예측한 대상)와 개발 데이터 세트를 구분하는 모델을 학습시킨다. 즉, 두 데이터 세트를 합친 데이터 세트에 대해 데이터의 원천을 구분하는 분류기를 학습시키는 것이다. 그러면 이 모델의 성능(예를 들어, 정확도)을 드리프트 수준에 대한 지표로 간주할 수 있다.

이 모델이 구분에 성공한다면, 즉 학습 시 사용한 데이터와 새 데이터를 구분할 수 있다면, 새 데이터가 드리프트되었다고 볼 수 있다. 더 많은 통찰을 얻으려면, 특히 드리프트를 유발한 특성을 식별하려면, 학습된 모델의 각 특성 중요도를 활용할 수도 있다.

결과 해석

일변량 통계 테스트와 도메인 분류기 모두 드리프트를 설명하기 위해 특성의 중요도 혹은 대상의 중요도를 활용한다. 대상에 발생한 드리프트는 때에 따라 비즈니스 수익에 직접적인 영향을 미칠 수 있으므로 반드시 식별해야 한다. 예를 들어, 신용 점수를 생각해보자. 전반적으로 점수가 낮으면 대출 횟수도 줄어들 것이고 그에 따라 수익률도 낮아질 것이다. 특성에 발생한 드리프트는 드리프트의 영향을 완화하는 데 활용할 수 있다. 왜냐하면 다음과 같은 사항의 필요성에 대해 힌트를 얻을 수 있기 때문이다.

- 특성에 따라 가중치를 재조정한다. 예를 들어, 60세 이상의 고객이 현재 사용자의 60%에 해당되지만 학습 데이터 세트에서는 30%에 불과한 경우, 가중치를 2배로 올리고 모델을 재학습시킨다.
- 특성을 제거하고 그 특성 없이 새 모델을 학습시킨다.

어떤 경우에도 드리프트를 감지했을 때 자동으로 수행할 수 있는 조치는 거의 없다. 자동 수행은 모델을 재학습시키고 배포하는 데 비용이 너무 많이 들 때에나 생각해볼 수 있다. 즉, 실측 데이터에 기반하여 측정한 성능이 떨어지거나 상당한 드리프트를 감지한 경우, 새로운 데이터를 기반으로 모델을 재학습시킨다. 이런 특이한 경우에, 드리프트를 완화하기 위해 새로운 데이터를 사용할 수 있다.

7.4 피드백 루프

모든 효과적인 머신러닝 프로젝트에서는 데이터 피드백 루프feedback loop의 형태를 구현한다. 즉, 추가 개선을 위해 상용 환경의 정보를 모델 프로토타이핑 환경으로 전달한다.

[그림 7-2]를 보면 모니터링과 피드백 루프에서 수집한 데이터(이 데이터에 대한 자세한 내용은 6장에서 다루었다)를 모델 개발 단계로 전송하는 것을 확인할 수 있다. 그 시점부터, 시스템은 예상한 대로 모델이 작동하는지 분석한다. 만약 예상한 대로라면, 어떠한 조치도 필요하지 않다. 만약 모델 성능이 저하되고 있다면, 자동으로든 혹은 데이터 과학자가 수동으로 하든 업데이트를 촉발한다. 이번 장의 시작 부분에서 언급한 바와 같이, 업데이트는 새로 레이블된 데이터로 모델을 재학습시키거나 특성을 추가한 새 모델을 개발하는 것을 의미한다.

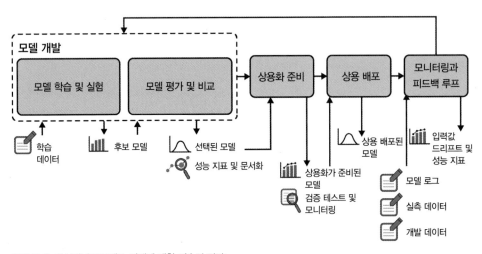

그림 7-2 머신러닝 프로세스 전체에 대한 지속적 전달

두 경우 모두 새롭게 드러난 패턴을 포착하고 반영하여 비즈니스에 부정적인 영향을 미치지 않도록 하는 데 목표를 둔다. 이를 위한 인프라는 세 가지 주요 요소로 구성되는데, 이 요소들은 이 장의 앞부분에서 논의한 개념에서 중요한 역할을 할 뿐만 아니라 강력한 MLOps 기능에도 매우 중요하다.

- 여러 상용 서버에서 데이터를 수집하는 로그 시스템
- 버전 관리 및 모델의 서로 다른 버전 간 평가를 수행하는 모델 평가 저장소
- 섀도우 스코어링(챔피언/챌린저(champion/challenger)) 방식 또는 A/B 테스트를 통해 상용 환경들에서 모델을 비교하는 온라인 시스템

이어서 각 구성 요소의 목적, 주요 기능 및 과제에 대해 설명하겠다.

7.4.1 로깅

머신러닝 구성 요소와 무관하게, 라이브 시스템을 모니터링한다는 것은 시스템 상태에 대한 데이터를 수집하고 집계하는 것을 의미한다. 오늘날 여러 대의 서버에 여러 모델을 동시에 배포하는 등 상용 인프라는 점점 더 복잡해지고 있어 효과적인 로깅 시스템이 그 어느 때보다 중요하다.

이러한 환경에서는 데이터를 자동 또는 수동으로 분석하고 모니터링할 수 있도록 중앙 집중화해야 한다. 이를 통해 머신러닝 시스템을 지속적으로 개선할 수 있다. 머신러닝 시스템의 이벤트 로그는 타임스탬프와 함께 다음과 같은 정보를 포함하는 기록이다.

모델 메타데이터

모델 및 버전에 대한 식별

모델 입력값

새로 관측한 값들의 특성 값. 이를 통해 새로 들어온 데이터가 모델이 예상한 데이터인지 여부를 검증할 수 있고 그에 따라 데이터 드리프트도 감지할 수 있다.

모델 출력값

모델에 의한 예측값. 나중에 수집된 실측 데이터와 함께 상용 환경상의 모델 성능에 대한 구체

적인 아이디어를 제공한다.

시스템 작동

모델 예측이 머신러닝 애플리케이션의 최종 산물인 경우는 드물다. 일반적으로는 시스템이 이러한 예측을 기반으로 작업을 수행한다. 예를 들어, 이상 거래 탐지 사례에서 모델의 예측률이 높다면 시스템이 그 예측 결과를 바탕으로 하여 자동으로 거래를 차단하거나 은행에 경고를 보낼 수 있다. 이러한 유형의 정보는 사용자 반응에 영향을 미치고 피드백 데이터에는 간접적으로 영향을 미치기 때문에 중요하다.

모델에 대한 설명

금융이나 의료와 같이 규제가 심한 일부 영역에서는 예측을 설명(즉, 어떤 특성이 예측에 가장 큰 영향을 미치는지에 대한 설명)과 함께 제공해야 한다. 이러한 종류의 정보는 일반적으로 샤플리 값 계산과 같은 기법을 활용하여 계산하고, 모델의 잠재적인 문제(예를 들어, 편향, 과대적합)를 식별하기 위해 로깅해야 한다.

7.4.2 모델 평가

로깅 시스템이 구축되면 모니터링을 위해 상용 환경에서 데이터를 주기적으로 가져온다. 데이터 드리프트 경고가 울리기 전까지는 모든 것이 잘 흘러간다. 즉, 입력되는 데이터 분포가 학습 데이터의 분포에서 드리프트되면 경고가 발생한다. 그러면 모델 성능이 저하되고 있을 가능성이 높다.

검토한 후, 데이터 과학자는 이 장의 앞부분에서 설명한 기술을 사용하여 모델을 재학습시키고 개선하기로 결정한다. 다음 단계에서는 여러 학습된 모델을 후보로 사용하여 배포된 모델과 비교한다. 사실 이는 동일한 데이터 세트에 대해 모든 모델(후보 모델뿐만 아니라 배포된 모델까지)을 평가하는 것을 의미한다. 후보 모델 중 하나가 배포된 모델보다 성능이 우수한 경우에 진행할 수 있는 두 가지 방법이 있다. 즉, 상용 환경의 모델을 업데이트하거나 챔피언/챌린저 또는 A/B 테스트 설정을 통해 온라인 평가를 수행하는 것이다.

간단히 말하면 이것은 모델 저장소의 개념이다. 이 모델 저장소는 데이터 과학자가 다음과 같은 것들을 수행할 수 있는 구조다.

- 여러 가지 새로 학습한 버전을 기존의 배포된 버전과 비교
- 레이블링된 데이터에 대해 완전히 새로운 모델과 다른 모델을 비교
- 시간 경과에 따른 모델 성능 추적

형식상 모델 평가 저장소는 머신러닝 모델 생애주기와 관련된 데이터를 중앙 집중식으로 관리하여 비교할 수 있게 하는 역할을 한다. 그러나 모델 간 비교는 모델들이 동일한 문제 해결을 목표로 하는 경우에만 의미가 있다. 정의에 따라, 이 모든 비교를 하나의 논리 모델 아래 그룹화한다.

논리 모델logical model

머신러닝 애플리케이션 구축은 반복적인 프로세스로, 프로세스 내에는 상용 배포, 성능 모니터링, 데이터 추출, 시스템의 문제 해결 방법을 개선하는 방안 모색 등이 포함된다. 반복하는 방법에는 여러 가지가 있으며, 그중 일부는 이미 이 장에서 논의한 바와 같다.

- 새 데이터에 대해 동일한 모델 재학습
- 모델에 새 특성 추가
- 새로운 알고리즘 개발

이러한 이유로 머신러닝 모델 자체는 정적이지 않고 시간에 따라 지속적으로 변화한다. 따라서 머신러닝 애플리케이션에 대해 추론하기 위해서는 더 높은 추상화 수준인 논리 모델을 사용하는 것이 도움이 된다.

논리 모델은 비즈니스 문제를 해결하기 위한 모델 템플릿과 해당 템플릿의 버전 모음이다. 모델의 어떤 버전은 주어진 데이터 세트에 대해 모델 템플릿을 학습하여 얻는다. 하나의 논리 모델이 포함하는 모델 템플릿들의 모든 버전은 일반적으로 동일한 종류의 데이터 세트(즉, 동일한 특성 정의 및/또는 스키마를 가진 데이터 세트)에 대해 평가할 수 있다. 하지만 문제가 변경되지 않았으나 문제를 해결하는 데 사용할 수 있는 특성이 변경된 경우에는 그렇지 않을 수 있다. 또한 모델의 여러 버전은 완전히 다른 기술을 사용하여 구현할 수 있고, 동일한 모델 버전에 대해서도 여러 구현(Python, SQL, Java 등)이 있을 수 있다. 그럼에도 불구하고 동일한 입력값에 대해 동일한 예측을 출력할 수도 있다.

이 장의 앞 부분에서 다룬 와인 예시로 돌아가보자. 배포 후 3개월이 지나고 알코올 도수가 낮

은 와인에 대한 새로운 데이터가 생겼다. 우리는 새로운 데이터로 모델을 재학습시킬 수 있으므로 동일한 모델 템플릿을 사용하더라도 모델의 새로운 버전을 생성할 수 있다. 결과를 조사한 결과, 새로운 패턴이 나타났음을 발견한다. 이 정보를 활용하여 새로운 특성을 생성하고 모델에 추가하거나, XGBoost 대신 다른 머신러닝 알고리즘(예를 들어, 딥러닝)을 사용하기로 결정할 수도 있다. 그러면 새 모델 템플릿을 생성하게 되는 것이다.

그 결과, 우리 모델에는 두 가지 모델 템플릿과 세 가지 버전이 생겼다.

- 첫 번째 버전은 상용 환경에서 운영 중으로, 원본 모델 템플릿을 기반으로 한다.
- 두 번째 버전은 원본 템플릿을 기반으로 하지만 새로운 데이터로 학습하였다.
- 세 번째 버전은 딥 러닝 기반 템플릿을 사용하고 특성을 추가한 상태로, 두 번째 버전과 동일한 데이터로 학습하였다.

이제 다양한 데이터 세트(학습 시 사용한 테스트 데이터 세트와 학습 후 스코어링할 때 사용한 개발 데이터 세트를 모두 포함한 세트)에서 이러한 버전들을 평가하여 그 정보를 모델 평가 저장소에 저장한다.

모델 평가 저장소^{model evaluation store}

모델 평가 저장소model evaluation store

모델 평가 저장소는 모델 간 비교를 위해 머신러닝 모델 생애주기와 관련된 데이터를 중앙 집중식으로 저장해둔 구조다. 모델 평가 저장소의 두 가지 주요 작업은 다음과 같다.

- 시간에 따른 논리 모델의 진화에 대한 버전 관리
  논리 모델의 기록된 버전은 학습 단계에 관한 모든 핵심 정보를 담고 있어야 한다.
  - 사용한 특성 목록
  - 각 특성에 대해 사용한 전처리 기법
  - 사용한 알고리즘과 선택한 하이퍼파라미터
  - 학습 데이터 세트
  - 학습된 모델을 평가할 때 사용하는 테스트 데이터 세트(버전 비교 단계에서도 필요함)
  - 평가 지표
- 논리 모델의 여러 버전 간 성능 비교
  논리 모델의 버전들 중 배포할 버전을 선택하려면 모든 모델(후보 및 배포된 모델 포함)을 동일한 데이터 세트에서 평가해야 한다.

평가할 데이터 세트를 선택하는 것이 중요하다. 모델 성능에 대해 신뢰성 있는 추정을 할 수 있을 만큼 레이블된 새 데이터가 충분히 있는 경우, 상용 환경에서 입력될 것으로 예상되는 데이터에 가장 가깝기 때문에 이 데이터 세트가 선호된다. 그렇지 않으면, 배포된 모델의 원본 테스트 데이터 세트를 사용할 수 있다. 데이터가 드리프트되지 않았다고 가정하면, 후보 모델의 성능을 원본 모델과 비교한 결과의 구체적인 수준을 대략적으로라도 확인할 수 있다.

최적의 후보 모델을 파악했더라도 아직 완료된 상태는 아니다. 실제로는 모델의 오프라인 성능과 온라인 성능 사이에 상당한 차이가 발생하곤 한다. 따라서 테스트를 상용 환경에서 진행하는 것이 매우 중요하다. 이 온라인 평가를 통해 실제 데이터에 직면했을 때 후보 모델의 작동에 대한 가장 실제에 가까운 피드백을 얻을 수 있다.

7.4.3 온라인 평가

상용 배포된 모델에 대한 온라인 평가는 비즈니스 관점에서 중요하지만 기술적 관점에서는 어려울 수 있다. 온라인 평가에는 다음과 같은 두 가지 방식을 주로 사용한다.

- **챔피언/챌린저(섀도우 테스트라고도 함)**
  후보 모델이 배포된 모델의 뒤에 섀도우처럼 숨어서 동일한 실시간 요청을 스코어링한다.
- **A/B 테스트**
  후보 모델이 실시간 요청의 일부를 스코어링하고 배포된 모델은 그 외 나머지 요청을 스코어링한다.

두 테스트 모두 실측 데이터를 요구하므로, 평가는 예측을 실행한 시점과 실측 데이터를 획득한 시점 사이에 발생한 지연시간보다 더 오래 걸릴 수밖에 없다. 또한 섀도우 테스트를 사용할 수 있을 때는 이 테스트를 A/B테스트보다 먼저 사용해야 한다. 섀도우 테스트가 A/B 테스트보다 이해하기 쉽고 훨씬 간단하게 설정할 수 있으며 차이를 더 빨리 감지하기 때문이다.

챔피언/챌린저champion/challenger

챔피언/챌린저 방식에서는 하나 이상의 추가 모델(챌린저)을 상용 환경에 배포한다. 추가 모델은 활성 모델(챔피언)과 동일한 요청을 수신하고 스코어링한다. 그러나 시스템에 응답이나 예측을 반환하지 않는다. 이것은 여전히 활성 모델이 하는 일이다. 하지만 추가 분석을 위해 예측을 로깅해둔다. 그래서 이 방법을 섀도우 테스트shadow test 혹은 다크 론치dark launch라고도 부른다.

이 방식으로 다음 두 가지를 수행할 수 있다.

- 새 모델의 성능이 이전 모델보다 우수하거나 적어도 이전 모델만큼 우수하다는 것을 검증한다. 두 모델이 동일한 데이터에 대해 스코어링하기 때문에 상용 환경에서 정확도를 직접 비교할 수 있다. 챔피언 모델로 스코어링한 새로운 요청을 데이터 세트로 만들어 이 새 모델을 사용해 오프라인에서 비교해볼 수 있다.
- 새로운 모델이 실제 부하를 처리하는 방법을 측정한다. 새 모델에는 새로운 특성, 새로운 사전 처리 기법 또는 새로운 알고리즘이 있을 수 있으므로 요청에 대한 예측 시간이 원래 모델의 예측 시간과 동일할 수 없다. 이러한 변화를 정확히 인지하는 것이 중요하다. 물론, 이는 온라인으로 진행했을 때의 가장 큰 장점이다.

이 배포 계획의 또 다른 이점은 데이터 과학자 또는 머신러닝 엔지니어가 다른 관계자들에게 미래의 챔피언 모델에 대한 가시성을 제공한다는 점이다. 즉, 데이터 사이언스 환경에만 갇혀 있지 않고 챌린저 모델의 결과를 비즈니스 리더에게 노출하여, 새로운 모델로 전환할 때 비즈니스 리더가 느낄 수 있는 인지된 위험perceived risk[2]을 감소시킨다.

챔피언 모델과 챌린저 모델을 비교하려면 입력 데이터, 출력 데이터, 처리 시간 등을 포함한 정보를 두 모델에 동일하게 기록해야 한다. 즉, 로깅 시스템을 수정하여 두 데이터의 원천을 구분할 수 있도록 해야 한다.

두 모델을 얼마 동안 함께 배포해두어야 어느 모델이 더 나은지 알 수 있을까? 예측을 충분히 수행하여 임의성randomness에 의한 지표 변동성이 줄어들 정도의 기간이 필요하다. 변동성이 줄어들었는지는 도표에서 지표 추정치가 더 이상 크게 흔들리지 않는지 도표로 확인할 수 있다. 혹은 어떤 지표가 다른 지표보다 높은 이유가 임의적 변동성 때문일 확률을 도출할 수 있는 적절한 통계 테스트(대부분의 지표는 행 단위 점수의 평균으로서, 가장 일반적인 테스트 방법은 쌍체 표본 T-테스트paired sample T-test다)를 수행하여 확인할 수도 있다. 지표의 변화가 클수록 그 차이가 유의미하다는 것을 확인하는 데 필요한 예측 횟수는 줄어든다.

챔피언/챌린저 시스템의 활용 사례 및 구현 방식에 따라, 서버 성능이 문제가 될 수도 있다. 예를 들어, 메모리 집약적인 두 모델을 동시에 호출하면 시스템 속도가 느려질 수 있다. 이는 사용자 경험에 부정적인 영향을 미칠 뿐만 아니라 모델의 작동에 대한 데이터 수집에도 문제를 일으킨다.

또 다른 문제는 외부 시스템과의 통신이다. 두 모델이 외부 API를 사용하여 기능을 확장한다

---

2 옮긴이_인지된 위험은 소비 심리 이론으로서 소비자가 제품을 구매할 때 발생 가능한 부정적 결과에 대해 느끼는 불안감이다.

면, 이 서비스에 대한 요청을 두 배로 늘리는 경우 외부 API 호출도 그만큼 늘어 비용이 두 배로 증가할 수 있다. 만약 API가 캐싱 시스템을 가지고 있다면 두 번째 요청은 첫 번째 요청보다 훨씬 더 빠르게 처리될 것이므로, 두 모델의 총 예측 시간을 비교한 결과는 편향될 수 있다. 또한 챌린저 모델은 들어오는 요청에서 임의의 하위집합에만 사용될 것인데, 이러한 구조로 인해 처리 시간이 늘어날 수 있지만 대신 결론을 도출하기 전까지 부하를 경감시킬 수도 있다.

마지막으로, 챌린저 모델을 구현할 때 시스템 작동에 영향을 미치지 않도록 해야 한다. 이는 두 가지 시나리오를 의미한다.

- 챌린저 모델이 예상치 못한 문제에 부딪혀 실패할 경우, 상용 환경에 응답 시간 측면에서 중단이나 저하가 발생하지 않는다.
- 시스템이 취하는 조치는 챔피언 모델의 예측 결과에만 의존하며, 단 한 번만 수행된다. 예를 들어, 이상 거래 탐지 사례에서 실수로 챌린저 모델이 시스템에 직접 연결되어 각 거래를 두 번 청구한다고 가정해보자. 이는 거의 재앙에 가까운 시나리오다!

일반적으로 상용 환경이 평소처럼 돌아가고 챌린저 모델에서 발생하는 문제에 영향을 받지 않도록 로깅, 모니터링 및 서비스 시스템에 어느 정도는 노력을 기울여야 한다.

A/B 테스트

A/B 테스트(두 가지 변종인 A와 B를 테스트하는 무작위 실험)는 웹사이트 최적화에서 널리 사용되는 기술이다. 머신러닝 모델에 챔피언/챌린저 방식을 사용할 수 없을 때만 사용해야 한다. 이러한 경우는 다음과 같다.

- 두 모델 모두 실측 데이터로 평가할 수 없는 경우: 예를 들어 추천 엔진의 경우, 어떤 고객이 보면 클릭할 가능성이 있는 상품 목록을 추천한다. 따라서 항목이 표시되지 않으면 고객이 클릭할지 알 수 없다. 이런 경우 일종의 A/B 테스트를 적용하여 일부 고객에게는 A 모델의 추천을, 다른 고객에게는 B 모델의 추천을 보여줘야 한다. 마찬가지로 이상 거래 탐지 모델의 경우, 실측 데이터를 얻으려면 많은 작업이 필요하기 때문에 두 모델이 예측 성공한 경우를 실측 데이터로 평가할 수 없고, 일부 사기는 어느 한쪽의 모델에 의해서만 탐지될 수 있기 때문에 작업 부하가 너무 많이 증가할 수도 있다. 결과적으로 요청 중 일부를 B 모델에만 무작위로 적용하면 작업 부하를 일정하게 유지할 수 있다.
- 최적화하려는 목표가 예측 결과와 간접적으로만 관련 있는 경우: 사용자가 광고를 클릭할지 예측하는 머신러닝 모델에 기반한 광고 엔진을 상상해보자. 이제 구매율, 즉 사용자가 제품 혹은 서비스를 구매했는지로 모델을 평가한다고 가정해보자. 여전히 두 가지 다른 모델에 대한 사용자의 반응을 전부 기록할 수는 없기 때문에 이 경우 A/B 테스트만이 유일한 방법이다.

많은 책에서 A/B 테스트를 다루고 있으므로, 여기서는 주요 개념과 간략한 설명만 제공하겠다. 챔피언/챌린저 방식과 달리, A/B 테스트에서 후보 모델은 일부 요청에 대한 예측 결과를 반환하고 원본 모델은 그 외 다른 요청을 처리한다. 테스트 기간이 종료되면 통계적 테스트를 활용하여 두 모델의 성능을 비교하고, 팀은 해당 테스트의 통계적 중요성에 따라 결정을 내릴 수 있다.

MLOps 관점에서 몇 가지 고려해야 할 사항이 있는데, 다음 [표 7-1]에서 살펴보자.

표 7-1 MLOps의 A/B 테스트 고려 사항

단계	MLOps 고려 사항
A/B 테스트 전	명확한 목표 정의: 최적화 대상인 정량적 비즈니스 지표로, 클릭률 등이 여기에 해당한다.
	정확한 모집단 정의: 그룹 간 편향이 생기지 않게 하는 분할 전략과 함께 테스트에 사용할 실험군을 신중하게 선택한다. 이는 약물 연구에서 보편적으로 쓰이는 소위 실험 설계(experimental design) 또는 무작위 대조군 시험이다. 이것은 무작위 분할일 수도 있고 더 복잡할 수도 있다. 예를 들어 특정 고객의 모든 요청을 동일한 모델에서 처리하도록 지시하는 상황이 발생할 수 있다.
	통계적 프로토콜 정의: 통계적 검정을 활용하여 결과 지표를 비교하고, 귀무가설을 기각하거나 유지한다. 결론을 견고하게 하려면, 팀은 효력 규모(effect size)의 최솟값 즉 모델 간 성능 지표 차이의 최솟값을 측정하기 위한 표본의 크기를 미리 정의해야 한다. 또한 팀은 테스트 기간을 정해야 한다. 또는 여러 테스트를 처리할 수 있는 방법이 있어야 한다. 챔피언/챌린저 방식과 비교하면, 유사한 표본 크기를 사용하는 경우 쌍체화되지 않은 표본 검정을 사용해야 하므로 유의미한 차이를 감지하는 능력은 더 떨어진다. 보통 모델 A로 스코어링한 요청 중에서 모델 B로 스코어링한 요청을 찾는 것은 불가능하지만, 챔피언/챌린저 방식에서는 간단하다.
A/B 테스트 중	테스트 기간이 끝나기 전에 실험을 끝내면 안 된다. 통계적 검정에서 지표상으로 유의미한 차이를 발견하기 시작하더라도 테스트 기간이 끝나기 전에 중단해서는 안 된다. 이런 행위(p-해킹이라고도 부른다)는 원하는 결과만 골라내는 것(cherry-picking)이기 때문에 신뢰할 수 없고 편향된 결과를 생성한다.
A/B 테스트 후	테스트 기간이 종료되면 수집한 데이터를 확인하여 품질이 양호한지 확인한다. 여기에서 통계적 검정을 수행한다. 지표 차이가 통계적으로 유의미한 수준에서 후보 모델에 유리한 경우, 원본 모델을 새 버전으로 대체할 수 있다.

7.5 마치며

일반적인 소프트웨어는 요구사항을 만족하게끔 제작된다. 일단 애플리케이션을 배포하고 나면, 그 목적을 달성하는 기능은 성능이 저하되지 않는다. 반면, 머신러닝 모델에서는 특정 데이터 세트에 대한 성능 목표를 통계적으로 정의한다. 그 결과 데이터의 통계적 속성이 변경되면 성능도 보통 나쁜 쪽으로 변화한다.

머신러닝 모델에서는 일반적인 소프트웨어 유지보수 요구사항(버그 수정, 업그레이드 공개 등) 외에도 성능상의 드리프트도 주의 깊게 모니터링해야 한다. 우리는 실측 데이터에 기반한 성능 모니터링은 모델 모니터링의 기초가 되고, 드리프트 모니터링은 조기 경고 신호를 제공할 수 있음을 확인하였다. 가능한 드리프트 완화 조치 중에서, 새로운 데이터에 대한 재학습을 주요 방안으로 선택하고, 모델 수정은 선택 사항으로 남겨야 한다는 점도 확인하였다. 새 모델을 배포할 준비가 되면, 섀도우 스코어링 또는 A/B 테스트를 통해 성능이 향상되었는지 확인할 수 있다. 이를 통해 새로운 모델이 시스템 성능을 향상시키는지 증명할 수 있다.

CHAPTER 8

모델 거버넌스

3장에서 비즈니스에 적용되는 일련의 통제로서 거버넌스의 개념을 살펴보았다. 거버넌스라는 목표를 달성하기 위해 기업은 주주, 직원, 공공 기관, 정부 등 모든 이해관계자에게 책임을 지운다. 책임에는 재정적 · 법률적 · 윤리적 책임이 있으며, 이것은 모두 공정성에 대한 열망으로 뒷받침된다.

이번 장에서는 거버넌스에 대해 더 자세히 다룰 것이다. 거버넌스가 중요한 이유부터 조직이 MLOps 전략의 일부로 거버넌스를 통합하는 방법까지 상세히 설명하겠다.

8.1 조직에 어떤 거버넌스가 필요한지 누가 결정하는가?

정부의 규제는 공정성을 보호하기 위한 사회의 프레임워크 중 핵심적인 부분이다. 그러나 규제를 합의하여 시행하기까지는 상당한 시간이 필요하다. 규제는 언제나 공정성에 대한 얼마 간의 역사적 이해와 공정성 자체에 대한 도전을 함께 반영한다. 하지만 머신러닝 모델과 마찬가지로, 과거의 사례로 미래에 발생할 문제를 항상 예측할 수는 없다.

대부분의 기업이 거버넌스에 바라는 것은 주주의 투자를 보호하는 것과 현재와 미래 모두에서 적절한 ROI를 보장하는 것이다. 즉, 비즈니스가 효과적이고, 수익성이 높으며, 지속 가능하게 수행되도록 하는 것이다. 주주들은 고객과 직원, 규제 기관이 모두 행복할 수 있는 명확한 가시성을 필요로 하고, 미래에 발생할 수 있는 어려움을 감지하여 관리하기 위한 적절한 조치가 마련돼 있다는 확신을 원한다.

물론 이 중 어떤 것도 새로운 내용이 아니고, MLOps에만 한정된 것도 아니다. 머신러닝의 다른 점은, 새롭고 때로는 불투명한 기술로서 많은 리스크를 수반하지만 우리 삶의 모든 측면에 영향을 미치는 의사결정 시스템에 빠르게 녹아들어가고 있다는 것이다. 머신러닝 시스템은 자체적으로 통계에 기반한 의사결정 프로세스를 창출한다. 이 프로세스는 때로는 매우 이해하기 힘들지만, 현실 세계를 나타내는 것으로 생각되는 대량의 데이터를 기반으로 한다. 따라서 무엇이 잘못될 수 있는지 확인하는 것은 어렵지 않다!

아마도 머신러닝에 대한 거버넌스의 방향에 가장 큰 영향을 끼치는 것은 공식적인 규제보다 훨씬 빠르게 진화하는 여론일 것이다. 여론은 공식적인 절차를 따르지 않고 예의범절을 지키지 않는다. 사실이나 이유에 근거할 필요도 없다. 국민이 어떤 상품을 구매하고, 어디에 투자하며, 정부가 어떤 규칙과 규정을 만드는지를 여론이 결정한다. 무엇이 공정하고 무엇이 공정하지 않은지도 여론이 결정한다.

예를 들어, 유전자 변형 작물을 개발한 농업생명공학 기업들은 1990년대 여론의 힘을 뼈저리게 느꼈을 것이다. 건강에 위험이 있는지 없는지에 대한 논쟁이 오고가는 동안, 유럽의 여론은 유전자 변형에 반대하는 쪽으로 형성되었고, 많은 유럽 국가에서 유전자 변형이 금지되었다. 이 사례는 머신러닝과 상당히 유사한 점이 있다. 머신러닝은 모두에게 혜택을 제공하지만 리스크도 불러오므로, 대중의 신뢰를 얻으려면 리스크를 관리해야 한다. 대중의 신뢰가 없다면, 그 혜택은 완전히 실현되지 않을 것이다.

머신러닝은 공정하다고 일반 대중을 안심시킬 필요가 있다. '공정'한 것으로 여겨지는 게 어떤 의미인지는 규정집에 정의되어 있지 않고, 또한 그 의미가 고정되어 있지도 않다. 사건에 따라 변화할 것이고, 전 세계적으로도 동일하지 않을 것이다. 현재 머신러닝에 대한 논쟁은 팽팽하다. 대부분의 사람들은 적절하게 타기팅된 광고를 받고 싶어 하고, 자동차가 속도 제한 표지판을 읽을 수 있어 좋다고 생각하며, 이상 거래 탐지를 개선하여 궁극적으로 돈을 절약할 수 있기를 원한다.

그런데 대중이 이 기술을 받아들이기 불안해할 수밖에 없는 유명한 스캔들이 발생했다. 기업들이 머신러닝의 힘을 이용해 소셜 미디어 여론을 조작한 페이스북-캠브리지 애널리티카 Facebook-Cambridge Analytica 사건은 세계를 충격에 빠뜨렸다. 이 사건에서 머신러닝은 명백히 악의적인 의도를 가진 것처럼 보였다. 또 한 가지 우려되는 점은 전혀 의도한 바는 아니지만 머신러닝에 의한 블랙박스적 판단으로 인해 인종이나 성별 같은 기준에서 용납할 수 없고 불법적인 편향성이 발생할 수 있다는 점이다. 예를 들어, 범죄 평가 시스템(*https://oreil.ly/ddM8A*)과 채용 도구(*https://oreil.ly/VPWi0*)에서 그러한 일이 발생할 수 있다.

기업과 정부가 머신러닝의 혜택을 누리려면, 머신러닝에 대한 국민의 신뢰를 보호하고 리스크를 선제적으로 해결해야 한다. 기업 입장에서는 MLOps 프로세스에 대한 강력한 거버넌스를 개발해야 한다. 기업은 리스크를 평가하고 공정함을 정의한 뒤, 리스크를 관리하는 데 필요한 절차를 수립해야 한다. 이 중 대부분은 머신러닝에 내재된 리스크를 경감하는 데 중점을 둔다. 이에 해당하는 주제로는 데이터 출처, 투명성, 편향성, 성능 관리 및 재현 가능성 등이 있다.

8.2 리스크 수준에 거버넌스 맞추기

거버넌스는 거저 먹을 수 있는 게 아니다. 노력과 규율, 시간이 들어간다.

비즈니스 이해당사자 입장에서 보면 거버넌스로 인해 새로운 모델 제공이 더뎌질 가능성이 높으며, 이로 인해 사업 비용이 추가될 수 있다. 데이터 과학자에게는 일을 방해하는 관료주의처럼 보일 수 있다. 하지만 이와 대조적으로, 위험을 관리하는 업무의 담당자나 배포를 관리하는 DevOps 팀의 입장에서는 전반적으로 엄격한 거버넌스가 의무화되어야 한다.

MLOps 담당자는 여러 사용자 사이에 내재된 긴장을 관리하여, 작업을 효율적으로 수행하는 것과 가능한 모든 위협으로부터 보호하는 것 사이의 균형을 맞춰야 한다. 각 프로젝트의 특정 리스크를 평가하고 거버넌스 프로세스를 해당 리스크 수준에 맞춤으로써 균형을 찾을 수 있다. 리스크를 평가할 때 고려해야 할 기준은 다음과 같다.

- 모델의 청중
- 모델과 그 결과의 수명
- 결과의 영향도

이 평가를 활용하여, 적용할 거버넌스 조치를 결정할 뿐만 아니라 전체 MLOps 개발 및 배포 툴 체인을 추진해야 한다.

예를 들어, SSA^Self-Service Analytics 프로젝트(소수의 내부 사용자가 사용하고 가끔 비즈니스 분석가가 구축한다)는 상대적으로 가벼운 거버넌스를 요구한다. 반면, 사람들의 삶이나 회사 재무에 영향을 미칠 만한 의사결정을 내리는, 공개적인 웹사이트에 배포되는 모델에는 매우 철저한 프로세스가 필요하다. 이 프로세스에서는 기업이 선택한 KPI 유형, 필요한 수준의 설명 가능성에 사용되는 모델 구축 알고리즘 유형, 사용된 코딩 도구, 문서화와 재현 가능성 수준, 자동화된 테스트 수준, 하드웨어 플랫폼의 복원력 및 구현된 모니터링 유형을 검토할 것이다.

그러나 비즈니스 리스크가 항상 명확한 것은 아니다. 장기적 영향에 대한 결정을 내리는 SSA 프로젝트는 리스크가 클 수 있으므로, 더 강력한 거버넌스 확보 조치가 필요할 수 있다. 따라서 MLOps 리스크 평가를 위해 대다수 팀이 충분히 숙고하고 정기적으로 검토하도록 전략을 수립해야 한다. 프로젝트의 중요성 및 운영화 접근 방식에 대한 자세한 내용은 [그림 8-1]을 참고한다.

프로젝트의 중요성	운영화	구축 시 자율성	버전 관리	리소스 분리도	SLA 및 IT 지원	외부 시스템 연동성
비정기적 임시 사용	설계 모드로 실행하는 SSA	☆☆☆	—	—	—	—
일정에 따라 진행하지만, 짧은 기간 동안 운영 불가	자율적 서비스에 대한 개발 및 일정 수립	★★★	★★★	★★	—	—
일정에 따라 진행하지만, 특정 부분에 대한 모니터링 필요	대략적인 품질 검증 및 일정 관리를 포함하는 가벼운 배포 프로세스	★	★★★	★★★	★	—
운영 중인 프로젝트로서, 운영 중단 없음	배포 CI/CD에 의해 완전히 통제됨	—	★★★	★★★	★★★	★★★

그림 8-1 프로젝트의 중요성에 따라 적절한 운영화 모델과 MLOps 기능 선택하기

8.3 MLOps 거버넌스를 주도하는 현행 규정

오늘날 세계 어디에도 특별히 머신러닝과 AI만 겨냥하는 규제는 거의 없다. 하지만 이전부터 존재하던 많은 규제가 머신러닝 거버넌스에 상당한 영향을 미친다. 여기에는 두 가지 형태가 있다.

- 산업별 규정: 특히 금융과 제약 분야에서 중요한 의미가 있다.
- 광범위한 규제: 특히 데이터상의 개인 정보 보호를 다룬다.

이제 MLOps와 가장 관련성 높은 규정 중 몇 가지를 요약하려 한다. 이 규정들은 MLOps 거버넌스에 대한 도전 과제와 매우 관련성이 높으며, 머신러닝에 대한 신뢰를 쌓고 유지하기 위해 업계 전반에 걸쳐 어떤 거버넌스 조치가 필요한지를 잘 알려준다.

이어서 전 세계의 여러 조직이 업종에 관계없이 머신러닝에 대한 통제의 특수성 측면에서 향후 직면할 수 있는 상황을 간략히 설명한다. 특별한 규정이 없는 업종에 종사하는 독자라 해도 이해할 수 있을 것이다.

8.3.1 미국의 제약 관련 규정: GxP

GxP(*https://oreil.ly/eg3J2*)는 미국 식품의약국[FDA]이 제정한 품질 가이드라인(예를 들어, GCP[Good Clinical Practice] 지침)과 규제 사항의 모음으로 바이오 및 의약품의 안전 보장을 목적으로 한다.

GxP의 지침은 다음과 같은 사항에 초점을 맞추고 있다.

- 추적성: 약물 또는 의료 기기의 개발 이력을 재현할 수 있는 능력
- 책임성: 누가, 언제, 약물 개발의 어떤 부분에 기여했는지에 관한 내용
- 데이터 무결성(Data Integrity, DI)(*https://oreil.ly/G_wyS*)
  개발 및 테스트에 사용되는 데이터의 신뢰성(reliability). 이는 ALCOA 원칙인 귀책성(attributable), 가독성(legible), 동시성(contemporaneous), 원본(original), 정확성(accurate)에 기반한다. 고려 사항으로는 리스크 식별과 리스크 완화 전략이 있다.

8.3.2 재무 모델의 리스크 관리에 대한 규정

금융에서 모델 리스크는 거래 가능 자산에 관한 의사결정에 사용한 모델들이 부정확한 것으로 판명될 때 발생할 손실에 대한 것이다. 이런 모델로는 블랙–숄즈Black–Scholes 같은 모델이 있는데, 머신러닝이 등장하기 훨씬 전부터 존재했다.

모델 리스크 관리Model Risk Management(MRM) 규정은 금융 위기와 같은 비상 사태에 충격을 받고 그에 따른 대중과 경제 전반에 미치는 손해를 경험하면서 이를 기반으로 추진되었다. 2007~2008년의 금융 위기 이후, 우수한 MRM 실천 사례를 강제하기 위해 많은 규정을 추가 도입하였다([그림 8-2] 참조).

예를 들어, 영국 PRAPrudential Regulation Authority 규정(*https://oreil.ly/tmxVg*)에서 MRM에 대한 훌륭한 네 가지 원칙을 정의하였다.

모델 정의

모델을 정의하고 해당 모델을 저장소에 등록한다.

리스크 거버넌스

모델 리스크 거버넌스 프레임워크, 정책, 절차, 통제를 정의한다.

생애주기 관리

견고한 모델 개발, 구현, 사용 프로세스를 정의한다.

효과적인 시험

적절한 모델 검증 및 독립적인 검토를 수행한다.

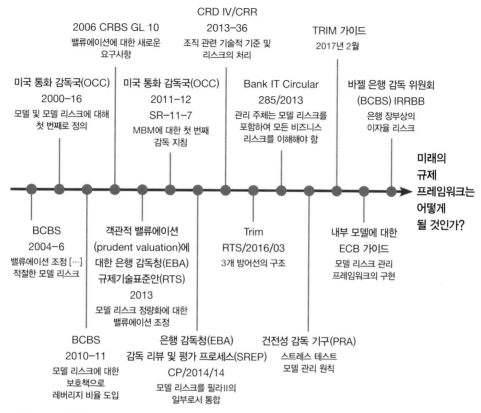

그림 8-2 모델 리스크 관리 규정의 이력

8.3.3 GDPR과 CCPA의 데이터 개인 정보 보호 규정

EU의 일반 데이터 보호 규정General Data Protection Regulation(GDPR)은 2018년에 처음 시행되었고, 유럽연합EU에 거주하는 개인의 개인 정보 수집 및 처리에 대한 가이드라인을 담고 있다. 그러나 인터넷 시대를 염두에 두고 개발되어, 실제로 웹사이트가 어느 국가에 기반을 두고 있는지와 상관없이 EU 거주자가 방문할 수 있는 모든 웹사이트에 적용된다. EU 방문자를 배제하는 웹사이트는 거의 없기 때문에 전 세계 웹사이트는 요구사항을 충족할 수밖에 없었고, GDPR은 데이터 보호를 위한 사실상의 표준이 되었다. 이 규정은 다음과 같은 권한을 포함하여 IT 시스템이 수집한 개인 데이터를 제어할 수 있도록 하는 것을 목표로 한다.

- 수집되거나 처리되는 데이터에 대한 정보를 제공받는다.

- 수집된 데이터에 접근하고 처리 상태를 파악한다.
- 부정확한 데이터를 수정한다.
- 잊혀질 수 있다(즉, 데이터 제거).
- 개인 데이터에 대한 처리를 제한한다.
- 수집된 데이터를 확보하여 다른 곳에서 재사용할 수 있다.
- 자동화된 의사결정에 반대한다.

CCPA^{California Consumer Privacy Act}는 보호 대상 측면에서 GDPR과 상당히 유사하지만 업무 범위, 효력을 발휘하는 영토 및 재정적 벌칙이 모두 제한적이다.

8.4 AI 관련 규정의 최신 동향

전 세계적으로 AI 애플리케이션 및 모든 ML 애플리케이션을 대상으로 하는 새로운 규정과 지침이 등장하고 있다. 그중에서도 특히 유럽연합^{EU}은 신뢰할 수 있는 AI로 가기 위한 프레임워크를 마련하는 데 앞장서고 있다.

인공지능에 관한 백서(*https://oreil.ly/rhzo5*)에서, EU는 AI가 모든 사회 계층에 줄 수 있는 잠재적인 혜택을 강조하고 있다. 하지만 똑같은 정도로, EU는 AI의 오남용을 둘러싼 스캔들이 발생하고 있고 AI의 잠재적 능력에 깃든 위험에 대한 경고에 유의해야 함을 강조하고 있다. EU는 근본적인 가치에 기반한 규제 프레임워크가 "데이터 경제 및 응용 분야의 혁신에 있어 글로벌 리더로 이끌 수 있을 것"이라고 보고 있다.

EU는 AI 애플리케이션이 신뢰받기 위해 준수해야 할 7가지 핵심 요구사항을 선별하였다.

- 인적 기관 및 감독
- 기술적 견고성 및 안전성
- 개인 정보 보호(privacy) 및 데이터 거버넌스
- 투명성(tranparency)
- 다양성(diversity), 차별 없음(non-discrimination), 공정성(faireness)
- 사회 및 환경 복지
- 책무(accountability)

EU의 접근법이 만능은 아니다. 주로 의료, 교통, 에너지, 공공 부문 같은 특정 고위험 부문에 영향을 미칠 것이고, 다른 부문에서는 선택 사항이 될 것으로 예상된다.

GDPR과 마찬가지로, EU의 접근법은 전 세계에 영향을 미칠 것으로 보인다. 상당수 대기업이 AI 활용과 관련하여 공공의 신뢰를 받는 사업의 중요성을 고려해 EU의 접근법을 선택할 가능성이 높다. EU의 접근법은 이 프레임워크를 선택하지 않은 이들에게도 AI 거버넌스에 대한 사고방식 확립과 접근 방식 면에 영향을 미칠 것으로 보인다.

[표 8-1]은 전 세계 AI 거버넌스 이니셔티브의 현황 중 일부를 요약한 것이다. 지역별 규범 수준이 규제에 대한 접근법의 전통적인 차이로 인해 다르다 하더라도, 모두가 틀림없이 유사한 경로를 따르고 있다.

표 8-1 전 세계 AI 거버넌스 이니셔티브 현황

지역 및 조직	단계	중점	예정
OECD	지침	·42개 서명국 ·신뢰할 수 있는 AI의 책임 있는 책무를 위한 5가지 원칙: 포용적 성장, 인간 중심과 공정성, 투명성과 설명 가능성, 견고성, 책임성 ·국가 정책에 대한 권고 사항	
EU	지침(guidance), 전달, 규정, 지도(direction)	·고위험 활동(섹터 X 영향)에는 필수 사항. 그 외에는 다른 사람의 정보를 레이블링할 가능성으로 인해 선택 사항으로 함 ·특히 모델 공정성, 견고성, 감사 가능성을 목표로 정책 및 통제를 혼합하고, 환경 및 사회적 영향에 대한 강력한 윤리적 고려 사항들을 통합함	·2020년 말/2021년 초까지 지도 ·국가 체제로 전환 예정
싱가포르	지침	·긍정적이고 허가 기반이 아닌 접근 방식으로, 조직 차원에서 AI 거버넌스를 구현하는 실질적인 단계에 초점을 맞춤 ·모범 실천 사례 센터 경제 포럼(Economic Forum) 차원에서 AI 거버넌스 업무를 지원함	·2020년 말/2021년 초까지 규정
미국	지침, 전달, 규정	·산업별 지침 또는 규정에 대한 근거를 마련하기 위해 발행된 연방 지침 ·대중의 신뢰와 공정성에 초점을 맞춤. 광범위한 윤리적 고려 사항은 없음	

| 영국 | 지침 | 높은 수준의 지침만 제공. 구속력 없고 적용 범위가 넓음 |
| 호주 | 지침 | 세부적 지침 발행. 도덕성 및 최종 소비자 보호에 높은 우선 순위를 두고 있음 |

8.5 책임 있는 AI의 등장

전 세계적으로 데이터 사이언스, 머신러닝, AI의 도입이 가속화되면서 AI 사상가들 사이에 작은 공감대가 형성되고 있다. 공감대 내에서 가장 일반적인 주제는 책임 있는 AI, 즉 책임감 있고 지속 가능하며 통제 가능한 머신러닝 시스템을 개발한다는 아이디어다. 본질적으로 AI 시스템은 해야 할 일을 해야 하고, 시간이 지나도 신뢰성이 유지되어야 하며, 감사와 통제가 잘 이루어질 수 있어야 한다.

책임 있는 AI나 이것을 구성하는 데 사용하는 용어에 대한 엄격한 정의는 없으나, 중요한 고려 사항과 배포/전달 시 필요한 사항에 대해서는 대체로 동의하는 내용이 있다([표 8-2] 참조). 이러한 움직임을 주도하는 단일 기구는 없으나 책임 있는 AI는 이미 집단적 사고에 상당한 영향을 끼치고 있으며, 특히 EU의 신뢰할 수 있는 AI 규제 당국에도 영향을 끼쳤다.

표 8-2 MLOps에서 점점 더 중요해지고 있는 책임 있는 AI의 구성 요소

의도	책임
필수 항목:	필수 항목:
· 모델이 목적에 맞게 설계되고 작동하도록 보장함	· 기업의 AI 업무에 대한 중앙 집중식 통제, 관리, 감사 (비승인 정보기술(shadow IT)을 허용하지 않음!)
· AI 프로젝트에서 사용하는 데이터가 규정을 준수하고 편향되지 않은 출처에서 제공된다는 보장. 잠재된 모델 편향에 대해 다양한 점검과 균형을 보장하는 AI 프로젝트에 대한 협업적 접근 방식	· 어떤 팀이 어떤 데이터를 어떻게, 어떤 모델에서 사용하고 있는지에 대한 전반적인 가시성
· 의도성(intentionality)에는 설명 가능성도 포함되는데, 이는 AI 시스템의 결과를 인간이 설명할 수 있어야 함을 의미함(이상적으로 보면 시스템을 만든 사람 뿐만이 아니라 다른 관련자들도 설명할 수 있어야 함)	· 데이터를 신뢰할 수 있고, 규정에 따라 수집되고 있으며, 어떤 비즈니스 프로세스에 어떤 모델이 사용되고 있는지에 대한 중앙 집중식 이해에 관한 신뢰: 이는 추적성과 밀접한 관련이 있다. 문제가 발생할 경우 파이프라인에서 발생한 위치를 쉽게 찾을 수 있는가?

인간 중심 접근

두 구성 요소를 모두 인지하고 실행할 수 있도록 도구 및 학습 제공

8.6 책임 있는 AI의 핵심 요소

책임 있는 AI는 데이터 실무자의 책임에 관한 것이지, AI 그 자체가 책임져야 한다는 의미는 아니다. 이것은 매우 중요한 차이다. 데이터이쿠의 쿠르트 무에멜Kurt Muemel에 따르면, 또 다른 중요한 차이점은 "의도적인 해악뿐 아니라, 우발적이고 비의도적인 피해에 관한 것이다." 라는 점이다.

이번 절에서는 책임 있는 AI의 5가지 핵심 요소인 데이터, 편향, 포괄성inclusiveness, 확장적인 모델 관리, 거버넌스와 각 요소에 대한 MLOps 고려 사항에 대해 설명한다.

8.6.1 핵심 요소 1: 데이터

데이터에 대한 의존성은 머신러닝과 전통적인 소프트웨어 개발 간의 근본적인 차이점이다. 사용한 데이터의 품질은 모델의 정확성에 가장 큰 영향을 미칠 것이다. 실제 고려 사항은 다음과 같다.

- 출처가 왕이다. 데이터가 어떻게 수집되었는지, 사용 시점까지 어떤 경로로 전달되었는지 이해해야 한다.
- 데스크톱 PC에서 데이터를 제거하라. 데이터는 관리 · 보호 · 추적이 가능해야 한다.
  개인 정보는 엄격하게 관리되어야 한다.
- 시간 경과에 따른 데이터 품질: 일관성, 완전성, 소유권
- 안으로 편향과 밖으로 편향. 편향된 입력 데이터는 고의성 없이 쉽게 발생할 수 있다.

8.6.2 핵심 요소 2: 편향

머신러닝 기반 예측 모델 구축은 현실 세계의 동향을 인지하고 이용하는 시스템을 구축하는 것이다. 예를 들어, 특정 유형의 사람이 특정 장소에서 특정 유형의 자동차를 운전하는 경우 보험사가 비용을 더 많이 부담할 가능성이 높은지 예측하는 것이다. 하지만 패턴을 맞추는 것이 항상 윤리적일까? 이렇게 패턴을 맞추는 것은 언제 적절하고, 언제 불공정한 편견이 될까?

무엇이 공정한가에 대한 기준조차 명확하지 않다. 심지어 이탈chum 예측 모델을 활용하여 이탈 가능성이 높은 고객을 판정하고 상품 구매 시 혜택을 주는 것도 역으로 같은 상품에 더 많은 돈을 지불하게 될 휴먼 고객에게는 불공평하다고 여겨질 수 있다. 이러한 내용을 규정에서 반영

할 수 있게 검토를 시작해야 하지만, 이미 언급한 바와 같이 보편적이거나 확정적인 의견은 아직 없다. 공정성의 조건에 대한 논의를 발전시켜야 한다는 공감대는 분명히 형성되어 있지만 논의를 진전시키기가 쉽지 않기 때문이다. 앞서 사례로 든, 여학교에 대해 편향성을 지닌 채용 시스템의 개발자들이 '여성의' 같은 단어를 무시하도록 모델을 변경했지만, 이력서에 적힌 언어의 어투로도 글쓴이의 성별을 반영하고 이로 인해 여성에 대해 의도치 않은 편향을 만들어낸다는 사실을 발견했다(*https://oreil.ly/JEIL7*). 이러한 편향을 해소하는 과정은 향후 구축될 머신러닝 모델에 깊은 영향을 끼치게 될 것이다. 이와 관련한 자세한 내용은 4.5.3절에서 참조한다.

한 걸음 뒤로 물러서 보면, 이런 편향에 대한 문제는 새롭지 않다. 예를 들어, 고용 차별은 언제나 있었던 이슈였다. 지금이 예전과 다른 점은 IT 혁명으로 인해 편향성을 평가할 수 있는 데이터가 더 많아졌다는 점이다. 그 기반 위에서 머신러닝으로 의사결정을 자동화한 덕분에 개인의 주관적 의사결정 필터를 거치지 않고도 행태에 변화를 줄 수 있게 되었다.

핵심은 편향성이 통계적인 것만은 아니라는 점이다. 편향성 점검을 거버넌스 프레임워크에 통합하여, 데이터 사이언스 및 머신러닝 프로젝트를 무산시킬 가능성이 있는 문제들을 가능한 한 빨리 식별해야 한다.

나쁜 소식만 있는 건 아니다. 데이터 과학자가 해결할 수 있는 통계적 편향의 잠재적 원천(즉, 현재의 세계)은 매우 많다.

- 편향성이 학습 데이터에 인코딩되어 있는가? 원천 데이터가 편향되어 있는가? 데이터 준비(preparation), 표본추출(sampling) 또는 분할 과정에서 편향이 생겼는가?
- 문제가 제대로 정의되었는가?
- 모든 하위집단에 적합한 목표가 있는가? 많은 변수가 높은 상관관계를 가질 수 있다는 점에 유의해야 한다.
- 피드백 루프 데이터가 UI에서 선택 항목이 표시되는 순서와 같은 요소로 인해 편향되어 있지 않은가?

편향에 따른 문제를 방지하려면 매우 복잡하기 때문에 현재는 해를 끼치기 전에 편향을 감지하는 데 대부분 초점을 맞추고 있다. 편향 감지와 관련된 최근의 주요 관심사는 머신러닝의 해석 가능성interpretability이다. 이는 모델을 분석하기 위한 일련의 기술적 도구를 활용하여 머신러닝 모델을 이해할 수 있도록 하는 것이다.

다음과 같은 주제가 있을 수 있다.

- 예측 결과 이해: 왜 모델이 특정한 예측을 했을까?
- 하위집단 분석: 하위집단 사이에 편향이 있는가?
- 종속성 이해: 특성들 각각은 어떤 기여를 하는가?

상당히 다른 방향이긴 하지만, 편향을 해소하는 보완적인 접근법은 개발 과정에서 가능한 한 광범위하게 인간의 전문 지식을 활용하는 것이다. 이는 책임 있는 AI의 요소 중 하나인 포괄성의 한 측면이다.

8.6.3 핵심 요소 3: 포괄성

HITL$^{Human-in-the-Loop}$ 접근법은 최고의 인간 지능과 최고의 기계 지능을 결합하는 것을 목표로 한다. 기계는 방대한 데이터 세트를 바탕으로 현명한 결정을 내리는 데 뛰어난 반면, 인간은 더 적은 정보로 결정을 내리는 데 훨씬 능숙하다. 인간의 판단은 윤리적 판정 및 피해와 관련된 판단을 내리는 데 특히 효과적이다.

이 개념은 모델을 상용 환경에서 사용하는 방식에 적용해볼 수 있고, 모델을 구축하는 과정에서도 똑같이 적용해볼 수 있다. 예를 들어, 승인$^{sign-off}$ 프로세스에서 MLOps 루프에 인간이 책임지는 부분을 공식적으로 넣는 것은 간단하지만 매우 효과적이다.

포괄성의 원칙은 인간-AI 협업의 아이디어를 더욱 발전시킨다. 머신러닝 생애주기에 가능한 한 다양하게 인간의 전문 지식을 도입하면 사각지대 혹은 누락으로 인한 리스크를 줄일 수 있다. 머신러닝을 구축하는 집단의 포괄성이 낮을수록 리스크도 커진다.

비즈니스 분석가, 직무 전문가, 데이터 과학자, 데이터 엔지니어, 리스크 관리자, 기술 설계자의 관점은 모두 다르다. 이러한 다양한 관점은 단일 사용자에게 의존하는 것보다 모델 개발 및 배치 관리에 훨씬 더 명확성을 제공한다. 또한 이렇게 다양한 사람들 간에 효과적으로 협업할 수 있다면 모든 조직에서 리스크를 줄이고 MLOps의 성능을 향상시킬 수 있다. MLOps 성능을 향상시키기 위해 관계자들 간 협업의 명확한 예시를 보려면 2장을 참조하자.

완전한 포괄성은 (아마도 포커스 그룹 테스트를 통해서) 소비자까지도 프로세스에 끌어들일 수 있다. 포괄성의 목적은 출처에 관계없이 인간의 전문 지식을 적절하게 프로세스에 도입하는 것이다. 머신러닝을 데이터 과학자에게 맡겨두는 것은 리스크 관리에 대한 해답이 아니다.

8.6.4 핵심 요소 4: 확장적인 모델 관리

상용 환경에 모델이 몇 개 없을 때는 머신러닝과 관련된 리스크 관리를 수동으로 처리할 수 있다. 그러나 배포하는 양이 증가함에 따라 문제도 빠르게 늘고 있다. 다음은 규모에 맞게 머신러닝을 관리하기 위한 몇 가지 주요 고려 사항이다.

- 확장 가능한 머신러닝 모델 생애주기는 간소화(streamline)뿐 아니라 대규모 자동화도 필요하다.
- 데이터 세트의 하위집합 내 오류와 같은 오류들은 빠르고 광범위하게 전파된다.
- 기존 소프트웨어 엔지니어링 기법도 머신러닝 확장 시 도움이 될 수 있다.
- 의사결정은 설명, 감사, 추적이 가능해야 한다.
- 재현 가능성(reproducibility)은 무엇이 잘못되었는지, 누구 또는 무엇에 책임이 있는지, 수정을 확인해야 하는 사람이 누구인지를 파악할 수 있는 핵심이다.
- 모델 성능은 시간이 지남에 따라 저하된다. 모니터링, 드리프트 관리, 재학습, 리모델링을 프로세스에 포함하여 대응해야 한다.
- 기술이 빠르게 발전하고 있어, 새로운 기술을 통합할 수 있는 접근 방식이 필요하다.

8.6.5 핵심 요소 5: 거버넌스

책임 있는 AI에서는 강력한 거버넌스를 공정성과 신뢰도를 성취하는 핵심으로 보고 있다. 이 접근 방식은 전통적인 거버넌스 기법을 기반으로 한다.

- 프로세스 시작 시 의도를 파악한다.
- 인간을 머신러닝 루프에 참여시키는 것을 프로세스화한다.
- 책임을 명확하게 식별한다(그림 8-3).
- 프로세스를 정의하고 구조화하는 목표를 통합한다.
- 프로세스와 규칙을 수립하고 전달한다.
- 측정 가능한 지표를 정의하고 변동을 모니터링한다.
- 전반적인 목표에 맞춰 MLOps 파이프라인에 여러 가지 점검 기능을 포함한다.
- 교육을 통해 사람들에게 권한을 위임한다.
- 구축자와 의사결정자에게 방지 방법을 교육한다.

따라서 거버넌스는 MLOps 이니셔티브의 기본이고 MLOps를 견고하게 만들어주는 것이다. 그러나 이는 전통적인 데이터 거버넌스의 경계를 넘어선다는 점을 인지해야 한다.

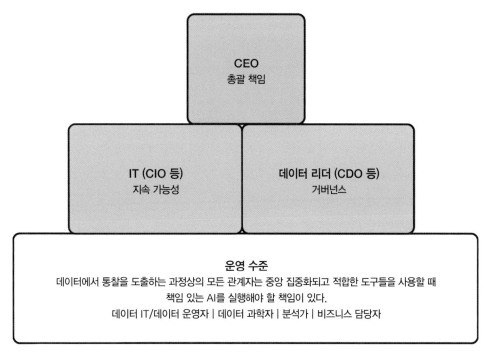

CEO
총괄 책임

IT (CIO 등)
지속 가능성

데이터 리더 (CDO 등)
거버넌스

운영 수준
데이터에서 통찰을 도출하는 과정상의 모든 관계자는 중앙 집중화되고 적합한 도구들을 사용할 때
책임 있는 AI를 실행해야 할 책임이 있다.
데이터 IT/데이터 운영자 | 데이터 과학자 | 분석가 | 비즈니스 담당자

그림 8-3 책임 있는 AI 프로세스상의 서로 다른 부분들에 대한 조직 내 직책별 책임

8.7 MLOps 거버넌스 템플릿

규제 조치 및 책임 있는 AI 운동을 통해 MLOps 거버넌스로 해결할 핵심 주제를 살펴보았다. 이제 MLOps의 강력한 거버넌스 프레임워크를 구현하는 방법에 대해 살펴보자.

모든 비즈니스에 통하는 만능 솔루션은 없고 기업 내의 다양한 활용 사례에 맞춰 적절한 관리 수준을 적용해야 한다. 하지만 개략적인 단계별 접근 방식을 활용하여 구현 프로세스에 대한 지침을 모든 조직에 적용할 수는 있다. 프로세스는 8단계로 구성된다.

1 분석의 활용 사례를 이해하고 분류한다.

2 윤리적 입장을 확립한다.

3 책임 소재를 명확히 설정한다.

4 거버넌스 정책을 결정한다.

5 MLOps 프로세스에 정책을 통합한다.

6 중앙 집중식 거버넌스 관리를 위한 도구를 선택한다.

7 참여시키고 교육한다.

8 모니터링하고 정제한다.

이번 절에서는 각 단계에 대한 간단한 정의와 실제로 해당 단계를 구현하는 '방법' 등의 상세 사항을 설명하겠다.

1단계: 분석의 활용 사례에 대한 이해와 분류

1단계에서는 분석의 활용 사례들을 어떻게 분류하는지, 분류별로 거버넌스를 위해 무엇이 필요한지를 정의한다.

분석 활용 사례의 대표적인 면모를 확인하기 위해 다음 질문에 대한 답변을 생각해보자. 다양한 활용 사례의 주요 특성을 식별하고 특징을 분류해보자. 분류한 것을 적절하게 통폐합해보자. 보통 각 활용 사례를 완전히 설명하려면 여러 가지 분류와 연결해야 한다.

- 각 활용 사례에는 어떤 규정이 적용되며, 그 영향은 무엇인가? 분야별 규정, 지역, PII는?
- 누가 모델의 결과를 사용하는가? 대중인가, 여러 내부 사용자 중 한 명인가?
- 배포한 모델에 대한 가용성 관련 요구사항은 무엇인가? 24/7 실시간 스코어링인가, 예약된 일괄 스코어링인가, 즉석 실행(ad-hoc run)(셀프 서비스 분석)인가?
- 오류 및 결함의 영향도는 어떠한가? 법적, 재정적, 개인적, 공적인 신뢰도는 어떠한가?
- 공개(release)의 주기와 긴급성은 어떻게 되는가?
- 모델의 수명과 의사결정에 따른 영향의 기한은 어떻게 되는가?
- 모델 품질의 저하 가능성은 어느 정도인가?
- 설명 가능성과 투명성이 필요한 이유는 무엇인가?

2단계: 윤리적 입장 정립

공정성과 윤리적 고려 사항은 효과적인 거버넌스를 위한 주요 동기부여 요소이며, 기업은 윤리적 입장에 대한 선택권이 있고, 이것이 대중의 인식과 신뢰에 영향을 미친다는 것을 확인했다. 기업 위상은 그 위상을 구축하는 데 드는 비용과 대중의 인식 사이에서 절충한 결과다. 기업이 책임 있는 입장을 취하기 위해서는 장기적으로는 ROI가 높다 하더라도 단기적으로는 금융 비용이 들 수밖에 없다.

모든 MLOps 거버넌스 프레임워크는 회사의 윤리적 위치를 반영해야 한다. 보통 그 위치가 모델이 무엇을 어떻게 하는지에 영향을 끼치기는 하지만, MLOps 거버넌스 프로세스가 배포된 모델이 선택한 윤리적 입장과 일치한다고 보장해야 한다. 이 윤리적 입장은 거버넌스 프로세스에 보다 광범위하게 영향을 끼칠 가능성이 높고, 그 범위에는 새로운 모델의 선택과 검증, 우발적인 손상의 허용 가능성 등이 포함된다.

다음과 같은 윤리적 질문을 생각해보자.

- 사회에서 복지의 어떤 측면이 중요한가? 예: 평등, 사생활, 인권과 존엄, 고용, 민주주의, 편향성
- 인간 심리에 대한 잠재적 영향을 고려해야 하는가? 예: 인간-인간 또는 인간-AI 관계, 속임수, 조작, 착취
- 재정적 영향에 대한 입장이 필요한가? 예: 시장 조작
- 의사결정이 얼마나 투명해야 하는가?
- 기업이 AI에 의한 실수에 대해 어느 정도 수준까지 책임질 수 있겠는가?

3단계: 책임 소재 설정

MLOps 거버넌스를 감독할 책임이 있는 사람들과 그들의 역할을 판별해야 한다.

- 관리 계층의 상위부터 하위까지의 전체 조직 및 모든 부서를 참여시켜라.
- 피터 드러커(Peter Drucker)는 "전략은 조직 문화의 아침 식사 거리밖에 되지 않는다."라는 유명한 말을 남겼는데, 이 말은 광범위한 참여와 공유된 믿음의 힘을 강조한 것이다.
- 완전히 새로운 거버넌스 구조를 만드는 일은 피하라. 어떤 구조가 이미 존재하는지 확인하고 MLOps 거버넌스를 그 구조에 통합해보라.
- 거버넌스 프로세스에 대해 고위 경영진의 후원을 받아라.
- 책임을 단계별로 고안하라.
  - 전략 단계: 비전을 설정하라.
  - 전술 단계: 비전을 구현 및 실행하라.
  - 운영 단계: 매일 실행하라.
- 전체 MLOps 프로세스를 위한 RACI 매트릭스의 구축을 고려하라(그림 8-4 참조). RACI는 담당(responsible), 책임(accountable), 자문(consulted), 정보 제공(informed)을 의미하며 전체 MLOps 프로세스에서 다양한 이해관계자의 역할을 강조한다. 이번 단계에서 생성한 매트릭스는 이후의 단계에서 다듬어야 할 것이다.

작업	비즈니스 이해관계자	비즈니스 분석가/ 시티즌 데이터 과학자	데이터 과학자	리스크/ 감사	데이터 운영자	상용/활용	자원 관리자/ 아키텍트
문제 정의	A/R	C		I			
데이터 준비	C	A/R	C				
데이터 모델링	C	A	R				
모델 수용	I	C	C	A/R			
상용화		C	A/R	I	C		
수익화			R		R		A
외부 시스템 연동					A/R		
글로벌 조율		C			R	A	
사용자 수용도 테스트	A/R	R	C		I		
배포					R	A	I
모니터링	I	C				A/R	I

A: 책임(accountable)   R: 담당(responsible)   C: 자문(consulted)   I: 정보 제공(informed)

그림 8-4 MLOps에 대한 일반적인 RACI 매트릭스

4단계: 거버넌스 정책 결정

거버넌스의 범위와 목표를 이해하였고 책임 있는 거버넌스 리더들도 참여하였으므로, 이제 MLOps 프로세스의 핵심 정책을 검토하자. 이것은 절대 작은 일이 아니므로 한 번에 바로 달성할 수 없을 것이다. 정책을 전반적으로 수립하는 데 집중하고, 이후에 얻을 경험이 정책을 세부적으로 발전시키는 데 도움이 된다는 점을 받아들이자.

1단계의 이니셔티브 분류를 떠올려보자. 각각의 경우에 대해 팀이나 조직에 어떤 거버넌스 조치가 필요한가?

리스크나 규정 준수에 대한 우려가 적은 이니셔티브에는 더 간단하고 비용이 적게 나가는 조치가 적절할 수 있다. 예를 들어, 다양한 종류로 구성된 기내식의 조합 및 수량을 정하기 위해 'what if' 계산 방식을 사용하더라도 별 효과를 얻을 수 없다. 사실 머신러닝을 도입하기 전부터 어떤 식사 조합도 별 효과가 없었다. 게다가 이런 큰 영향이 없는 활용 사례라 하더라도, 식사 메뉴에 선택지가 많은 국가에서는 보호되는 속성인 종교나 성별과 연관될 가능성이 높아 윤리적 영향이 있을 수 있다. 반면, 비행기의 연료 공급 수준을 결정하기 위한 계산은 비교적 상당히 큰 리스크를 수반한다.

거버넌스 고려 사항은 [표 8–3]의 표제에 따라 큰 범위에서 분류할 수 있다. 각 표제마다 등급별로 고려해야 할 조치 범위를 포함하였다.

표 8-3 MLOps 거버넌스 고려 사항

거버넌스 고려 사항	조치 예시
재현 가능성(reproducibility) 및 추적성(traceability)	· 신속하게 모델을 다시 인스턴스화하기 위한 전체 VM 및 데이터 스냅샷이 있는가? · 환경을 재구축하고 표본 데이터로 재학습할 수 있는가? · 배포된 모델의 지표만 기록하는가?
감사(audit) 및 문서화(documentation)	· 실험 실행이나 어떤 선택의 원인까지도 포함한, 개발 중에 발생하는 모든 변경 사항에 대한 전체 로그가 있는가? · 배치된 모델만 자동으로 문서화하는가? · 문서화하지 않는가?

사람에 의한 HITL(Human-in-the-loop) 승인 상용화 전 검증	모든 환경 이전(개발, QA, 상용 배포 전, 상용)을 위한 여러 가지 승인 · 모델을 수작업으로 코딩하고 비교하여 문서를 확인하는가? · 광범위한 단위 및 엔드투엔드(end-to-end) 테스트 사례를 기반으로 상용에 가까운 환경에서 완전히 자동화된 테스트 파이프라인을 재구축할 수 있는가? · 데이터베이스, 소프트웨어 버전 및 명명 표준에 대한 자동화된 검사만 있는가?
투명성(transparency) 및 설명 가능성(explainability)	· 최대 설명 가능성을 위해 수동으로 코딩된 의사 결정 트리를 사용하는가? · 섀플리 값과 같은 회귀 알고리즘의 설명 가능성 도구를 사용하는가? · 신경망과 같은 불투명한 알고리즘을 사용하는가?
편향(bias) 및 위해성 테스트(harm testing)	· 여러 도구 및 공격 벡터를 사용하는 레드 팀(red team) 테스트, 즉 적대적 수동 테스트를 수행하는가? · 특정 하위집단에 대한 자동화된 편향 검사를 사용하는가?
상용 배포 모드	· 배포 전 자동화된 스트레스/로드 테스트를 통해 유연하고 확장 가능한 고가용성(high availability, HA) 다중 노드로 구성하여 컨테이너형으로 배포하였는가? · 단일 상용 서버인가?
상용 모니터링	· 오류에 대한 실시간 알림, 동적 멀티-암드 밴딧 모델 밸런싱, 자동화된 야간 재학습, 모델 평가, 재배포로 구성되었는가? · 주 단위로 입력값 드리프트 모니터링 및 수동 재학습을 하는가? · 기본 인프라 알림을 활용하는가? · 모니터링이 없고, 피드백 기반 재학습도 없는가?
데이터 품질 및 규정 준수	다음을 포함하는 PII 고려 사항 · 데이터 익명화 · 데이터의 출처, 품질, 적절성을 이해하기 위한 데이터 계보에 대한 컬럼 수준의 문서화 및 리뷰 · 이상 징후에 대한 자동화된 데이터 품질 검사

최종 거버넌스 정책은 다음 사항을 제공해야 한다.

- 분석 이니셔티브의 분류를 결정하는 프로세스가 필요하다.
  이것은 체크리스트나 위험 평가 애플리케이션으로 구현할 수 있다.
- 거버넌스 고려 사항에 대한 이니셔티브 분류 매트릭스가 필요하다.
  매트릭스의 각 칸은 필요한 조치를 식별한다.

5단계: MLOps 프로세스에 정책 통합

다양한 종류의 이니셔티브에 대한 거버넌스 정책을 확인했다면, 이를 이행하기 위한 조치를 MLOps 프로세스에 통합하고 할당된 조치를 실행하는 데 따른 책임 소재를 지정해야 한다.

대부분의 기업은 기존의 MLOps 프로세스를 가지고 있지만, 이는 명확하게 정의되지 않은 채 개인의 요구에 따라 진화했을 가능성이 높다. 이제는 그 과정을 다시 살펴보고, 개선하고, 문서화해야 할 때다. 거버넌스 프로세스가 성공적으로 채택되려면 이 프로세스가 명확히 전달되어야 하고 각 이해관계자 그룹이 동의해야 한다.

각 담당자와 인터뷰하여 기존 프로세스의 모든 단계를 이해하는 과정이 필요하다. 기존 공식 프로세스가 없는 경우, 프로세스 단계가 명시적으로 정의되지 않고 소유권이 불분명하기 때문에 이 과정은 생각보다 훨씬 더 어려울 것이다.

정책 중심의 거버넌스 조치를 프로세스에 대해 이해한 내용과 맞춰보면 프로세스의 문제를 매우 빠르게 식별할 수 있다. 하나의 비즈니스 내에는 다음과 같은 다양한 스타일의 프로젝트 및 거버넌스 요구가 있을 수 있다.

- 일회성 셀프 서비스 분석
- 내부적으로 소비되는 모델
- 대외용 웹사이트에 포함되는 모델
- 사물 인터넷 기기에 배포한 모델

이 경우, 일부 프로세스 간의 차이가 너무 커서 여러 병렬 프로세스 측면에서 생각하는 것이 가장 좋을 수 있다. 궁극적으로, 각 활용 사례에 대한 모든 거버넌스 조치는 [표 8-4]에 제시된 바와 같이 각 프로세스 단계 및 책임을 지는 조직과 연관되어야 한다.

표 8-4 프로세스 단계별 조치 및 거버넌스 고려 사항

프로세스 단계	조치 및 거버넌스 고려 사항 예시
비즈니스 범위 설정	· 목표 기록, KPI 정의, 승인 기록: 내부적 거버넌스 관련 고려 사항
아이디어 발굴	· 데이터 탐색: 데이터 품질 및 규정 준수 관련 제약사항
	· 알고리즘 선택: 설명 가능성 요구사항에 영향받음
	· 모델 테스트 및 검증: 편향성 및 피해 테스트, 설명 가능성

개발	· 데이터 준비: PII 준수, 법률적 지역 범위 구분, 입력값 편향 회피
	· 모델 개발: 모델 재현 가능성 및 감사 가능성 고려
상용화 전 단계	· 상용 데이터 기반으로 성능/편향성 검증
	· 상용 준비 테스트: 확장성 검증
배포	· 배포 전략: 운영화 수준에 따름
	· 배포 검증 테스트: 상용 검증을 위한 섀도우 챌린저(shadow challenger) 혹은 A/B 테스트 기법 활용
모니터링과 피드백	· 성능 지표 및 알림
	· 입력값 드리프트에 대한 예측 로그 분석 및 알림

6단계: 중앙 집중식 거버넌스 관리를 위한 도구 선택

MLOps 거버넌스 프로세스는 전체 머신러닝 모델 생애주기와 조직 전체에 영향을 미친다. 각 단계마다 특정 작동 및 점검 절차를 실행해야 한다. 모델 개발과 거버넌스 활동 실행 전체를 대상으로 한 추적 가능성은 복잡한 과제다.

대부분의 조직은 '종이 양식' 기반의 사고방식, 즉 양식을 작성 · 순환 · 서명 · 철하는 사고방식으로 프로세스를 관리한다. 그 양식은 텍스트 문서일 수도 있고, 이메일을 통해 전달되는 문서일 수도 있고, 전자적 파일일 수도 있지만, 종이의 한계점은 여전하다. 진행 상황을 추적하고, 아티팩트를 연관시키고, 한 번에 많은 프로젝트를 검토하고, 신속하게 조치를 취하고, 팀에게 책임을 상기시키기 어렵다. 이벤트에 대한 전체 기록은 일반적으로 여러 시스템에 분산되어 있으며 개별 팀이 소유하므로 분석 프로젝트에 대해 간단히 개요를 만드는 것은 불가능하다.

팀은 항상 각자의 역할에 맞는 도구를 가지고 있을 수 있지만, 중요한 프로세스를 하나의 시스템에서 관리하고 추적해야 한다면 MLOps 거버넌스가 훨씬 더 효과적이다. 이 시스템은 다음 사항을 수행해야 한다.

- 분석 활용 사례에 대한 분류별 거버넌스 프로세스 흐름의 정의를 중앙 집중화
- 전체 거버넌스 프로세스에 대한 추적 및 시행 가능
- 분석 프로젝트 검색을 위한 단일 참조 지점 제공
- 팀 간 협업, 특히 팀 간 작업 이관 지원
- 프로젝트 실행에 사용되는 기존 툴과 통합

현재 사용 중인 워크플로우, 프로젝트 관리, MLOps 도구는 이러한 목표를 부분적으로만 지원할 수 있다. 이러한 요구를 직접적이고 완전하게 지원하는 새로운 범주의 ML 거버넌스 도구가 등장하고 있다. 이 새로운 도구들은 다음과 같은 ML 거버넌스 관련 과제에 초점을 맞추고 있다.

- 모든 모델의 상태를 한눈에 볼 수 있는 단일 뷰(모델 레지스트리라고도 함)
- 의사결정 이력을 즉시 추적할 수 있는 서명 메커니즘을 포함하는 프로세스 게이트
- 모델의 모든 버전을 추적할 수 있는 기능
- 아티팩트 저장소, 지표 스냅샷, 문서에 연결할 수 있는 기능
- 분석 활용 사례에 대한 분류별 프로세스를 맞춤화할 수 있는 기능
- 상용 시스템의 상태 모니터링을 통합하고 원본 모델의 비즈니스 KPI와 비교하여 모델들의 성능을 추적할 수 있는 기능

7단계: 참여 및 교육

거버넌스 프로세스를 감독하고 실행하는 단체에 대한 참여 및 학습 프로그램이 없다면, 거버넌스 프로세스를 부분적으로라도 채택할 가능성은 희박하다. 따라서 비즈니스에서 MLOps 거버넌스의 중요성, 각 팀의 기여 필요성 등을 전파하는 것이 필수적이다. 이러한 이해를 바탕으로, 모든 개인은 그들이 무엇을, 언제, 어떻게 해야 하는지를 배워야 한다. 이 학습에는 상당한 문서와 교육이 필요하고 무엇보다도 시간이 들어간다.

학습은 비즈니스에서 MLOps 거버넌스의 광범위한 비전을 전달하는 것부터 시작한다. 현 상태의 위험을 강조하고 프로세스를 개략적으로 설명하며 활용 사례의 범위에 맞게 조정하는 방법을 자세히 설명한다.

관련된 각 팀을 직접 참여시키고, 팀과 함께 교육 프로그램을 만든다. 그리고 교육뿐만 아니라 거버넌스 책임의 세부적인 구현을 형성하는 데 각 팀의 경험을 십분 활용하라. 그 결과는 훨씬 더 강력한 수용과 더 효과적인 거버넌스로 나타날 것이다.

8단계: 모니터링 및 정제

새로 구현된 거버넌스는 효과가 있는가? 규정된 단계를 이행하고 있으며, 목표를 달성하고 있는가? 일이 잘 안 풀리면 어떤 조치를 취해야 하는가? 오늘의 현실과 비즈니스가 있어야 할 곳 사이의 격차를 어떻게 측정할 것인가?

성공 여부를 측정하려면 지표와 확인 절차가 필요하다. 이를 위해 사람들에게 모니터링 작업을

할당하고 문제 대응 방안을 숙지시켜야 한다. 거버넌스 프로세스와 그것을 구현하는 방식은 학습한 교훈^{lesson learned}과 진화하는 요구사항(이번 장의 앞부분에서 논의한 바와 같이, 진화하는 규제 요구사항도 포함한다)에 기반하여 시간이 지남에 따라 개선되어야 한다.

프로세스 성공의 열쇠는 개별 조치를 책임지는 개개인의 근면함이 될 것이며, 이에 대한 인센티브 부여가 필수적이다.

거버넌스 프로세스 모니터링은 핵심 성능 지표 및 목표, 즉 거버넌스를 위한 KPI를 명확하게 이해하는 것에서 시작한다. 프로세스 수행 여부와 목표 달성 여부를 측정하는 것을 목표로 해야 한다. 모니터링 및 감사에는 시간이 많이 걸릴 수 있으므로 가능한 한 지표를 자동화하고 개별 팀이 책임지는 영역과 관련된 지표 모니터링을 관리할 수 있도록 독려하자.

어떤 일을 하는 사람들에게 구체적인 것을 전달하지 않는 것처럼 보이는 작업을 사람들이 수행하도록 하기는 어렵다. 이를 해결하기 위한 한 가지 대중적인 전략은 게임화^{gamification}다. 이것은 모든 것을 비디오 게임처럼 보이게 하려는 게 아니다. 게임화 전략은 주된 혜택이 다른 사람들에게 돌아가는 작업을 하지만 그 작업을 수행함으로써 보상으로 얻을 수 있는 인센티브를 도입하는 것이다.

거버넌스 프로세스를 간단한 방식으로 게임화하려면, KPI 결과를 널리 게시하는 것이 가장 간단한 시작점이다. 목표가 달성되는 것을 보는 것만으로도 만족감과 동기부여의 원천이 될 수 있다. 리더보드에 팀이나 개인 레벨에 상관없이 건설적인 경쟁 요소를 추가할 수 있다. 예를 들어, 한 번에 일관성 있게 규정 준수 검사를 통과하거나 마감일을 준수하는 사람은 자신의 노력이 가시적으로 드러난다고 느낄 수 있어야 한다.

그러나 경쟁이 지나치면 작업에 지장을 주거나 의욕을 꺾을 수 있으므로 균형을 잡아야 한다. 즉, 시간의 흐름에 따라 게임화 요소를 천천히 추가하는 방식으로 진행하는 것이 가장 좋다. 가장 경쟁 지향적이지 않은 것부터 시작하고, 다음 요소를 추가하기 전에 효과를 측정하면서 하나씩 추가해야 한다.

거버넌스 환경의 변화를 모니터링하는 것은 필수적이다. 규제에 관한 것일 수도 있고, 여론에 관한 것일 수도 있다. 전략적 비전에 대해 책임이 있는 사람들은 지속적으로 모니터링해야 할 뿐만 아니라 잠재적인 변화를 평가하는 작업도 함께 진행해야 한다.

마지막으로, 모든 프로세스 모니터링은 문제가 해결된 경우에만 가치가 있다. 변화에 합의하고 그것을 시행하기 위한 절차를 수립하라. 이로 인해 정책, 프로세스, 도구, 책임, 교육, 모니터링을 다시 검토해야 할 수 있다! 반복하고 다듬으면 되지만, 그 과정에서 효율성과 효과성 사이의 균형을 찾기가 어렵다. 어려운 과정을 거쳐야만 많은 교훈을 얻을 수 있다. 반복과 개선의 과정을 실패가 아닌 성공에 이르기 위한 수단으로 보는 문화를 구축해야 한다.

8.8 마치며

MLOps와 MLOps 거버넌스를 분리하기는 어렵다. 거버넌스 없이 머신러닝 모델 생애주기를 성공적으로 관리하고 위험을 완화하며 규모에 맞는 가치를 제공할 수는 없다. 거버넌스는 기업이 용인할 수 있는 수준에서 머신러닝을 활용하는 방법, 사용할 수 있는 데이터 및 알고리즘뿐만 아니라 운영화operationalization와 모니터링, 재학습 방식에 이르기까지 모든 것에 영향을 끼친다.

현재 대규모 MLOps는 초기 단계다. 이를 실행하는 기업이 흔치 않고, 잘하고 있는 기업도 거의 없다. 거버넌스가 MLOps 효율성 개선의 핵심이지만, 이러한 과제를 직접적으로 해결해주는 도구는 거의 없고, 단지 단편적인 조언만 있을 뿐이다.

머신러닝에 대한 대중의 신뢰는 위험에 처해 있다. EU처럼 느리게 움직이는 조직조차 이를 인지하고 있다. 만약 신뢰를 잃는다면, 머신러닝으로부터 얻을 수 있는 많은 이점도 잃게 될 것이다. 추가 입법이 준비되고 있지만, 그와 별개로 기업들은 의도치 않게 피해를 끼칠 수 있는 모델이 자신들의 대외 이미지에 잠재적 손상을 끼칠 수 있다는 점을 염두에 두어야 한다.

MLOps를 확장할 계획이라면 거버넌스부터 시작하고, 프로세스를 만들어가는 데 거버넌스를 활용하라. 거버넌스를 마지막 단계에 두지 말라. 정책을 검토하고, 중앙 집중식 뷰를 제공하기 위해 사용할 도구를 검토하라. 조직 전반에 걸쳐 참여를 끌어낼 방안을 생각해보라. 시간과 반복된 과정이 필요하겠지만, 결과적으로 기업은 책임을 무겁게 받아들인 것을 자랑스러워하게 될 것이다.

MLOps 실제 사례

PART 3

MLOps 실제 사례

CHAPTER 9

소비자 신용 리스크 관리

이 책의 마지막 3개 장에서는 MLOps가 실제로 어떻게 구현되는지에 대한 세 가지 예시를 살펴보겠다. 각 예시는 머신러닝 관점에서 근본적으로 다른 사례에 속하며, MLOps 방법론이 비즈니스 및 머신러닝 모델 생애주기에 따라 어떻게 달라지는지 설명하기 위해 선정하였다.

9.1 배경: 비즈니스 활용 사례

소비자가 대출을 요청하면 여신 기관은 대출 여부를 결정해야 한다. 경우에 따라 절차 중 자동화된 부분이 다를 수 있다. 하지만 어떤 경우이든 계획대로 대출금이 상환될지 여부를 추정한 확률에서 도출한 점수를 바탕으로 대출 가능 여부 결과를 소비자에게 전달할 것이다.

점수는 프로세스의 여러 단계에서 일상적으로 사용된다.

- 사전 심사(prescreen) 단계에서 적은 수의 특성만으로 계산한 점수를 활용하여, 기관에서 일부 대출 신청을 빠르게 파기할 수 있다.
- 서명 단계에서는 필요한 모든 정보를 사용하여 점수를 계산해서, 결정을 내리기 위한 보다 정확한 근거를 얻는다.
- 서명 단계 이후, 점수를 포트폴리오 내에서 대출과 관련된 리스크를 평가할 때 사용할 수 있다.

이러한 확률을 계산하기 위해 수십 년 전부터 다양한 분석 방법을 활용해왔다. 예를 들어,

FICO 점수[1]는 미국에서 1995년부터 사용하였다. 이러한 예측 모델은 기관의 수익과 고객의 삶에 직접적으로 미치는 영향을 고려하여 늘 상당한 수준의 정밀 조사를 받아왔다. 즉 고도로 규제된 환경에서 프로세스, 방법, 기술을 정규화하여 모델의 지속 가능한 성능을 보장하였다.

모델이 전문가가 만든 규칙 기반이든, 고전적 통계 모델 기반이든, 최신 머신러닝 알고리즘 기반이든 상관없이 모두 유사한 규정을 준수해야 한다. 그래서 소비자 신용 리스크 관리를 MLOps의 선행 사례로 볼 수 있다. 이 활용 사례를 기반으로 모범 실천 사례뿐만 아니라 다른 활용 사례도 병행하여 분석할 수 있다.

일반적으로 신용도를 결정할 때 고객의 과거 상황과 현재 상황에 대한 정보를 활용할 수 있다. 고객의 신용도는 얼마인가? 고객이 대출금을 상환하지 않은 적이 있는가(여신 용어로, 연체자 인가)? 일부 국가에서는 신용국credit bureau이라는 기관에서 이 정보를 수집하여 채권자가 직접 또는 점수의 형태로 이용할 수 있도록 한다(점수 형태의 예시로는 앞서 언급한 FICO 점수가 있다).

예측할 대상을 정의하는 것은 더 복잡하다. 고객이 예상대로 상환하지 않는 것은 신용 리스크 모델에 있어 '나쁜' 결과다. 이론적으로 '좋은' 결과라고 결정하려면 총액 상환을 기다려야 하고, '나쁜' 결과라고 결정하려면 손해 배상 청구까지 가야 한다. 하지만 이러한 최종 결과를 얻기까지 오랜 시간이 걸릴 수 있어, 변화에 대한 반응성을 떨어뜨릴 우려가 있다. 따라서 손실이 확실해지기 전에 '나쁜' 결과로 선언하기 위해 다양한 지표를 기반으로 하여 절충점을 찾는다.

9.2 모델 개발

역사적으로 신용 리스크 모델링은 규칙rule(현대 ML 전문 용어로 '수동 특성 엔지니어링manual feature enginieering'이라고 한다)과 로지스틱 회귀의 혼합으로 구축하였다. 좋은 모델을 만들기 위해서는 전문가의 지식이 필수다. 각 변수의 영향과 변수 간의 상호작용을 연구하고 적용된 고객 세분화를 구축하려면 막대한 시간과 노력이 필요하다. 오프셋이 있는 2단계 모델, 트위디 분포 Tweedie distribution에 기반한 고급 일반 선형 모델 또는 한쪽은 단조성monotonicity 제약이 있고 다른 쪽 은 재무 리스크 관리 기법을 적용한 혼합 모델과 같은 고도화된 기법을 활용하면 결국 이 분야

---

1 옮긴이_FICO라는 회사에서 만든 미국의 신용평가점수 제도다.

는 보험계리사들이 지배하게 될 것이다.

XGBoost와 같은 그레이디언트 부스팅 알고리즘^{gradient boosting algorithm}으로 인해 좋은 모델을 처음부터 만들어야 할 필요가 줄어들어 구축 비용이 줄었다. 그러나 블랙박스 효과로 인해 검증은 더 복잡해졌다. 따라서 그러한 모델에 어떤 입력값을 넣더라도 합리적인 결과를 반환한다는 느낌을 받기 힘들어졌다. 그럼에도 불구하고 신용 리스크 모델 제작자들은 이러한 새로운 유형의 모델을 사용하고 검증하는 방법을 습득하였다. 우리가 이 책에서 살펴본 것처럼 MLOps의 중요한 구성 요소인 신뢰를 자신들의 모델에 구축하기 위해, 그들은 샤플리^{Shapley} 값과 같은 개별적 설명 방법을 기반으로 하는 새로운 검증 방법론을 개발했다.

9.3 모델 편향성에 대한 고려 사항

모델이 대출 신청자를 의도치 않게 탈락시킬 수 있으므로 모델 제작자는 선택 편향^{selection bias}도 감안해야 한다. 선택 편향으로 인해, 대출이 허용된 집단이 대출 신청자 집단을 대표하지 않을 수 있다.

부주의하여 이전 버전에서 대출 가능으로 판정한 집단으로 모델의 새로운 버전을 학습시키면, 대출이 거부된 집단은 학습 데이터에 포함되지 않으므로 대출 거부 집단을 예측하지 못하는 모델을 만들게 된다. 이 효과를 체리 피킹^{cherry-picking}이라고 한다. 결과적으로, 신청자 집단을 기반으로 가중치를 재조정하거나 외부 데이터를 기반으로 모델을 보정하는 것과 같은 특별한 방법을 사용해야 한다.

대출 허용 여부에 대한 의사결정뿐만 아니라 리스크 평가에도 사용하는 모델은 '예/아니요' 같은 결과와 함께 확률도 계산해야 한다. 하지만 일반적으로 예측 모델이 직접 생성하는 확률은 정확하지 않다. 데이터 과학자들이 임곗값을 기준으로 이항 분류를 적용하여 '예/아니요'를 얻는 것은 문제가 안 되지만, 이력 데이터 기반으로 평가하여 '실제' 확률로 복구하려면 조정 ^{calibration}이라는 단조로운 변환^{monotonous transformation} 절차가 필요하다.

이 활용 사례에 대한 모델 검증은 일반적으로 다음과 같이 구성한다.

- 학습 데이터 세트의 뒤쪽(때에 따라 앞쪽)에서 선별한, 표본 외(out-of-sample) 데이터 세트로 성능 테스트를 수행한다.

- 전체 집단뿐만 아니라 하위집단별 성능도 조사한다. 하위집단에는 일반적인 매출 기반 고객 세그먼트뿐만 아니라 책임 있는 AI의 출현에 따라 중요해진 성별에 따른 고객 세그먼트 혹은 지역 규정에 따라 보호되는 속성 기반 고객 세그먼트가 있을 수 있다. 이렇게 구분하지 않을 경우 심각한 피해를 입을 수 있다. 예를 들어, 애플은 2019년, 그들이 발행하는 신용카드가 카드를 신청하는 여성에 대해 '성차별적'이라는 말을 듣고 나서야 비로소 그 사실을 알게 되었다(*https://oreil.ly/i03yj*).

9.4 상용화 준비

신용 리스크 모델의 유의미한 영향을 고려하여, 검증 과정에 머신러닝 모델 생애주기 중 모델링 부분과 관련된 유의미한 작업을 포함하며, 다음과 같은 완전한 문서화를 포함한다.

- 사용한 데이터
- 모델 자체와 모델을 구축하기 위해 세운 가정
- 검증 방법론과 검증 결과
- 모니터링 방법론

이 시나리오에서 모니터링 방법론은 두 가지로 나뉘는데, 데이터와 성능 드리프트다. 예측 실행과 실제 데이터 획득 사이의 지연시간(일반적으로 대출 기간에 지불 연체를 고려한 몇 개월을 더한 기간)이 길기 때문에 모델 성능만 모니터링하는 것으로는 충분하지 않으므로 데이터 드리프트도 주의 깊게 모니터링해야 한다.

예를 들어 경기 침체가 발생하거나 상업 정책이 바뀔 경우, 추가 검증 없이는 모델의 성능을 보장할 수 없는 수준으로 신청자 집단이 변화할 가능성이 높다. 데이터 드리프트의 경우, 확률 분포 사이의 거리(예를 들어, 콜모고로프-스미르노프Kolmogorov-Smirnov 거리 또는 와서스타인Wasserstein 거리)를 측정하는 일반적인 통계 지표나 집단 안정성 지수population stability index나 특성 안정성 지수characteristic stability index 같은 금융 서비스에 특화된 지표로 고객 세그먼트별로 측정한다. 성능 드리프트의 경우, 하위집단에 대해서 일반적인 지표(AUC) 또는 특정 지표(예를 들어, 콜모고로프-스미르노프, 지니Gini)를 활용하여 정기적으로 측정한다(*https://oreil.ly/1-7kd*).

모델에 대한 문서는 보통 매우 공식적이고 독립적인 절차에 따라 모델 리스크 관리(MRM) 팀이 검토한다. 이러한 독립적인 검토는 모델 개발 팀에 올바른 질문을 할 수 있도록 하는 좋은 실천 사례다. 특별히 중요한 일부 사례의 경우, 검증 팀은 주어진 설명서에 따라 모델을 처음부터 다시 구축할 수도 있다. 어떤 경우에는 대체 기술을 사용하여 두 번째 모델을 구축하여 모델에 대해 문서화된 내용을 이해하였는지 확인하고 원본 모델에 보이지 않던 버그가 있는지 찾아본다.

복잡하고 시간이 많이 걸리는 모델 검증 프로세스는 전체 머신러닝 모델 생애주기에 영향을 끼친다. QA가 길기 때문에 빠른 수정 및 빠른 반복은 불가능하여 머신러닝 모델 생애주기가 매우 느리고 신중해진다.

9.5 상용 배포

일반적인 대형 금융 서비스 조직에서 상용 환경은 설계 환경과 분리되어 있을 뿐만 아니라 기술 스택도 다를 수 있다. 또한 실거래 검증이나 대출 검증과 같은 중요한 작업과 관련된 기술 스택은 언제나 발전이 더디다.

역사적으로 상용 환경은 주로 규칙 기반이거나 로지스틱 회귀와 같은 선형 모델을 기반으로 구축하였다. 일부는 PMML이나 JAR 파일과 같은 더 복잡한 모델을 다룰 수 있다. 이보다 덜 중요한 사례에서는 도커 배포 또는 통합 데이터 사이언스 및 머신러닝 플랫폼을 통해 배포할 수도 있다. 결국, 모델 운영화에는 버튼 클릭부터 마이크로소프트 워드 문서 작성까지도 포함될 수 있다.

배포된 모델의 활동 로깅은 가치가 높은 활용 사례일수록 모델 성능을 모니터링하는 데 꼭 필요하다. 모니터링 빈도에 따라 피드백 루프를 자동화하거나 자동화하지 않을 수 있다. 예를 들어, 작업을 1년에 한두 번만 수행하고 데이터에 대해 질의하는 데 가장 많은 시간을 소모하는 경우 자동화가 필요하지 않을 수 있다. 반면, 평가를 매주 하는 경우라면 자동화가 필수적일 수 있다. 기간이 몇 개월밖에 안 되는 단기 대출의 경우가 이런 예에 해당한다.

9.6 마치며

금융 서비스 분야에서는 수십 년 동안 예측 모델 검증과 모니터링에 대한 방안을 개발해왔다. 또한 지속적으로 그레이디언트 부스팅 방법과 같은 새로운 모델링 기법도 적용해왔다. 이러한 모델들의 영향도를 감안하여, 모델의 생애주기 관리와 관련된 프로세스를 잘 정규화하고 많은 규정에 통합해왔다. 그 결과, 다른 사업 분야에서 MLOps에 대한 모범 실천 사례로 참고할 수 있게 되었다. 하지만 실제로 다른 사업 분야에 적용하기 위해서는 견고성이라는 측면과 비용 효율성, 소요 시간, 관련 팀들의 좌절감이라는 측면 사이에서 절충점을 찾아야 할 것이다.

CHAPTER 10

마케팅 추천 엔진

추천 엔진은 최초의 아마존 도서 추천부터 오늘날 디지털 상점, 광고, 음악, 비디오 스트리밍에서 볼 수 있는 일반적인 사례에 이르기까지 지난 20년 동안 많은 인기를 끌고 있다. 우리 모두 이런 상황에 익숙해졌다. 그러나 수년에 걸쳐 이러한 추천 엔진 뒤에 숨겨진 기반 기술이 많이 발전하였다.

이번 장에서는 머신러닝 모델 생애주기의 간격이 짧고 변화도 빠른 특수 상황에서 고려해야 할 MLOps 전략의 변경과 필요성을 확인할 수 있는 사례를 다루겠다.

10.1 추천 엔진의 반란

역사적으로 마케팅 추천은 사람이 직접 수립했다. 마케팅 거물들은 정성적·정량적 마케팅 연구를 바탕으로 어떤 특징을 지닌 고객들에게 전달할 특정 인식impression(광고 관점에서 받는 느낌을 의미한다)을 정적으로 정의하는 규칙을 수립하였다. 이 기법을 활용해, 한 식료품 체인점이 목요일과 토요일에 기저귀를 산 남성들이 맥주를 더 많이 산다는 것을 발견했고, 그렇다면 두 상품을 나란히 배치하여 맥주 판매를 증가시킬 수 있다는 도시 전설급 마케팅 자료가 탄생했다(*https://oreil.ly/HDPpE*).

수동으로 만든 추천 엔진은 수많은 병목을 일으켜 상당한 비용 낭비를 유발했다. 규칙 생성 프로세스가 수동이기 때문에 다양한 고객의 특성을 기반으로 규칙을 만들기 어려웠고, 다양한 종류의 특정 인식을 테스트하기 위한 실험을 수립하기도 어려웠으며, 고객 행동 변화에 따라 규칙을 갱신하기도 어려웠다.

10.1.1 머신러닝의 역할

머신러닝의 부상은 추천 엔진에 새로운 패러다임을 가져왔고 인간의 통찰력에 기반한 규칙은 사라지게 되었다. 협업 필터링collaborative filtering이라고 불리는 새로운 종류의 알고리즘이 이 분야를 지배하고 있다. 이 알고리즘은 사전 마케팅 지식 없이도 수백만 명의 고객과 수만 개의 제품에 대한 고객 및 데이터를 분석하여 추천을 수행할 수 있는 알고리즘이다. 마케팅 담당자는 어떤 고객과 유사한 고객들을 효율적으로 파악함으로써 비용과 효율성 면에서 기존 방식을 능가하는 자동적인 전략을 활용할 수 있다.

전략을 수립하는 과정이 자동적이기 때문에, 정기적으로 전략을 업데이트할 수 있고 A/B 테스트나 섀도우 스코어링(모든 가능성 중 특정 인식을 선택하는 방법 포함) 방식을 활용하여 전략 간에 비교할 수 있다. 이러한 알고리즘은 다양한 이유로 고전적인 비즈니스 규칙과 결합할 수 있다. 예를 들면, 필터링 버블filtering bubble[1]을 방지하거나 특정 지역에서 제품 판매를 금지하거나 통계적으로 의미가 있으나 비윤리적인 사용(예를 들어, 알코올 중독 회복자에게 알코올을 제안하는 것)이므로 금지하는 것 등이 있다.

10.1.2 밀어 넣느냐, 당겨 오느냐?

추천 엔진을 구현할 때, 공급자가 의도한 대로 소비자에게 추천을 밀어 넣느냐push 혹은 소비자의 사용 행태에 맞춰 추천을 공급자에게서 당겨 오느냐pull에 따라 구조가 달라진다는 점을 명심해야 한다. 푸시push 채널은 가장 쉽게 처리할 수 있는 방법인데, 이메일로 전송하거나 아웃바운드 전화로 구성할 수 있다.

추천 엔진을 배치 모드batch mode(일반적으로 하루에 한 번에서 한 달에 한 번)에서 정기적으로 실행되도록 할 수 있다. 고객 데이터 세트를 여러 부분으로 분할하여 적절한 실험 설계 내에서 분석을 수행할 수도 있다. 프로세스의 규칙성을 활용하여 전략을 정기적으로 검토하고 최적화

---

1 옮긴이_ 필터링 버블은 사용자의 취향과 성향을 예측하여 선호할 만한 정보만 제공하는 방식이다.

할 수도 있다.

풀^{pull} 채널은 고객이 필요로 할 때 그들에게 정보를 제공하는 방식으로 보통 더 효율적이다. 예를 들어, 온라인 검색을 수행하거나 고객 서비스 라인에 전화할 때를 들 수 있다. 세션의 특정 정보(예를 들어, 사용자가 검색한 정보)를 사용하여 추천 사항을 정확하게 조정할 수 있다. 예를 들어, 음악 스트리밍 플랫폼은 재생 목록에 대한 풀 채널 기반 추천을 제공한다.

추천 사항을 미리 만들어둘 수도 있고, 실시간으로 생성할 수도 있다. 전자는 이번 장의 심층 예시에서 설명할 것이다. 후자의 경우, 추천 사항을 즉시 계산하기 위해 특별한 아키텍처로 설계해야 한다.

풀 채널은 푸시 채널에 비해 전략 간 비교가 더 어렵다. 첫째, 어떤 특정 채널에 전화를 거는 고객들은 일반 고객들과 다를 수 있다. 각 추천에 사용할 전략을 무작위로 선택할 수 있는 단순한 상황도 있지만, 어떤 고객에 대해 특정 기간 동안 전략을 일관되게 사용해야 하는 경우도 있을 수 있다. 이로 인해 각 전략으로 수행한 추천들 간 비율이 불균형을 이루게 될 수 있고, 어떤 것이 최선인지 결정하려면 복잡한 통계적 처리를 수행해야 할 수도 있다. 그러나 좋은 프레임워크를 사용하면 많은 전략을 실시간으로 테스트할 수 있기 때문에 개선 주기가 매우 빨라질 수 있다.

10.2 데이터 준비

일반적으로 추천 엔진이 접근할 수 있는 고객 데이터는 다음과 같다.

- 고객에 대한 구조적 정보(예: 연령, 성별, 위치)
- 과거 활동에 대한 정보(예: 조회 기록, 구매, 검색)
- 현재의 맥락(예: 현재 검색, 조회된 제품)

어떤 기술을 사용하든, 모든 고객 정보는 특징 벡터(크기가 고정된 목록)로 집계해야 한다. 예를 들어, 과거 활동에서 다음과 같은 특징을 추출할 수 있다.

- 지난 주 또는 지난 달 동안의 구매량
- 과거 기간 동안의 조회 수

- 지난 달의 지출 또는 조회상의 상승 폭
- 과거에 보인 느낌과 고객의 반응

고객 데이터에 더해 추천 수행 시점의 맥락을 반영할 수 있다. 예를 들어, 야외 수영장과 같은 계절 상품이 팔릴 여름까지 남은 날이나 월급날까지 남은 날의 경우, 어떤 고객들은 현금 흐름을 감안하여 구매를 미뤄야 하므로 이런 상황이 구매 시 고려 사항일 수 있다.

일단 고객 데이터와 맥락 데이터를 정리하고 나면, 가능한 추천 사항들의 집합을 정의하고, 많은 선택을 해야 한다. 예를 들어, 동일한 제품을 서로 다른 제안 내에 포함시킬 수도 있고, 다른 방법을 통해 고객에게 전달할 수도 있다.

'아무것도 추천하지 말라'는 선택 사항도 잊어서는 안 된다. 실제로 대부분의 사람들은 모든 추천이 긍정적인 인상을 주지는 않는다는 개인적인 경험을 가지고 있다. 가끔은 아무것도 보여주지 않는 편이 나을 수 있다. 또한 일부 고객은, 예를 들어 지리적 출신에 따라 특정 추천을 볼 권한이 없을 수 있다.

10.3 실험 설계 및 관리

추천 엔진의 지속적인 개선 잠재력을 활용하려면, 훌륭한 프레임워크 내에서 다양한 전략을 실험해야 한다. 예를 들어 추천 엔진의 예측 모델을 설계할 때, 데이터 과학자는 고객이 특정 추천을 클릭할 확률을 예측하는 것과 같은 간단한 전략에 초점을 맞출 수 있다.

이는 어떤 고객이 그 제품을 구매하였는지, 이 구매가 특정 추천에 영향을 받았는지 같은 더 정확한 접근 방법보다 오히려 합리적인 타협이 될 수 있다. 하지만 사업적 관점에서는 적절하지 않을 수 있는데, 자기잠식cannibalization 현상이 발생할 수 있기 때문이다(즉, 고객에게 저가 제품을 노출하여 고가 제품을 사지 못하게 할 수 있다). 결과적으로 예측이 잘되어 판매량이 증가할 수 있으나 전체 수익은 줄어들 수 있다.

반면, 고객의 이익이 아닌 조직의 이익만 너무 대놓고 높이는 것 또한 장기적으로 해로운 결과를 초래할 수 있다. KPI를 활용하여 어떤 전략이 더 나은 결과를 이끌어내는지 평가할 수 있으므로, 평가 기간과 함께 KPI를 신중하게 선택해야 한다. 보통 추천 후 2주간의 수익을 주요

KPI로 선정한다.

A/B 테스트라는 실험 방법을 최대한 활용하기 위해서는 통제 군과 실험 군을 신중하게 선택해야 한다. 실험 시작 전에 무작위로 고객층을 분할하여 그룹을 정의하는 것이 이상적이다. 가능하다면, 고객들이 그 즈음엔 다른 실험에 관여하지 않도록 하여 그들의 이력 데이터가 다른 실험의 영향에 오염되지 않도록 해야 한다. 다만, 신규 고객이 많이 들어오는 풀^{pull} 방식에서는 불가능할 수 있는데, 이 경우엔 즉석에서 할당할 수 있다. 실험 기간과 그룹의 크기는 두 그룹 간의 KPI 차이의 예상 크기에 따라 달라진다. 즉, 기대 효과가 클수록 그룹 크기가 작아지고 지속 시간이 짧아진다.

실험은 두 단계로 나눠 수행할 수 있다. 첫 번째 단계에서는 동일하지만 제한된 크기의 두 그룹을 선택할 수 있다. 실험이 긍정적일 경우, 새로운 전략에 대해 10%를 더 배치하는 식으로 시작할 수 있으며, 이는 결과가 예상과 일치할 경우 점진적으로 증가시킬 수 있는 비율이다.

10.4 모델 학습 및 배포

이러한 유형의 활용 사례에 대한 MLOps 프로세스를 더 잘 설명하기 위해, 다음 절에서는 어떤 가상 기업이 추천 엔진을 학습 및 배포하기 위해 자동화된 파이프라인을 구축하는 예시를 중점적으로 설명하겠다. 이 회사는 실리콘밸리에 본사를 둔 글로벌 소프트웨어 회사다. 이 회사를 마켓클라우드라고 부르자.

마켓클라우드의 제품 중 하나는 세일즈코어라는 SaaS$^{Software-as-a-Service}$ 플랫폼이다. 세일즈코어는 B2B 제품으로, 사용자(기업)가 간단한 방식으로 거래를 추적하고, 지루한 관리 업무를 처리하고, 각 고객에 맞는 맞춤형 제품 제안을 작성할 수 있도록 하여 판매를 촉진하도록 지원한다(그림 10-1 참조).

때때로 마켓클라우드의 클라이언트들은 자신의 고객과 통화할 때 클라우드 기반 세일즈코어를 사용한다. 이를 통해 해당 고객과의 상호작용 이력은 물론 세일즈코어가 해당 고객에게 제안했던 제품 제안 및 할인 혜택까지 검토하여 해당 고객에 대한 영업 전략을 조정하기도 한다.

마켓클라우드는 연간 매출이 약 2억 달러이고 직원이 수천 명에 이르는 중견 기업이다. 마켓클라우드의 고객은 양조 회사의 영업 사원부터 전기 통신 회사의 영업 사원까지 매우 다양하다.

그림 10-1 세일즈코어 플랫폼의 목업: 이번 절의 예시가 기반으로 하는 가상 회사에 대한 정보

마켓클라우드는 고객에게 제품을 판매하려는 영업 사원이 참고할 수 있도록 세일즈코어에 제품 제안을 자동으로 표시한다. 제품 제안은 고객 정보와 판매원 간 과거 상호작용 이력을 토대로 각 고객 맞춤형으로 생성된다. 다시 말해, 세일즈코어는 풀(인바운드 전화) 또는 푸시(아웃바운드 전화) 맥락에서 사용하는 추천 엔진을 기반으로 한다. 영업 사원은 고객과 상담하면서 제안된 제품을 영업 전략에 반영할 수 있다.

이 아이디어를 구현하기 위해 마켓클라우드는 추천 엔진을 구축하여 세일즈코어 플랫폼에 내장해야 한다. 세일즈코어 플랫폼은 모델 학습 및 배포 측면에서 몇 가지 과제를 안고 있다. 이번 절에서는 이러한 과제를 확인하고, 다음 절에서는 이 회사가 각각의 과제를 해결할 수 있는 MLOps 전략을 살펴보겠다.

10.4.1 확장성과 커스터마이징 가능성

마켓클라우드의 비즈니스 모델(고객사가 자사 제품을 판매할 수 있도록 소프트웨어를 판매하는 것)에서 흥미로운 상황을 확인할 수 있다. 각 고객사는 자사 제품과 고객에 대한 자체 데이터 세트를 가지고 있으며, 다른 회사와 데이터를 공유하고 싶지 않다.

마켓클라우드에서 세일즈코어를 사용하는 클라이언트가 약 4천 명이라면, 이는 모든 클라이언트를 위한 범용 추천 시스템을 갖추는 것이 아니라 4천 개의 서로 다른 시스템을 구축해야 한다는 것을 의미한다. 마켓클라우드는 이렇게 많은 시스템을 일일이 수작업으로 구축할 수 없으므로 최대한 효율적으로 4천 개의 추천 시스템을 구축할 수 있는 방안을 마련해야 한다.

10.4.2 모니터링 및 재학습 전략

4천 개의 추천 엔진은 각각에 해당하는 고객의 고객 데이터로 학습한다. 따라서 각각 다른 모델이 될 것이고, 다른 성능 결과를 낼 것이며, 마켓클라우드가 4천 개를 모두 수동으로 감시하는 것은 거의 불가능할 것이다.

예를 들어, 음료 분야의 고객 A사에 대한 추천 엔진은 꾸준히 좋은 제품을 제안하는 반면, 통신 분야의 고객 B사에 대한 엔진은 좋은 제안을 거의 하지 않을 수 있다. 마켓클라우드는 이러한 성능 저하를 대비해 모니터링 및 후속 모델 재학습 전략을 자동화할 수 있는 방법을 마련해야 한다.

10.4.3 실시간 스코어링

마켓클라우드의 클라이언트는 자신의 고객과 전화 통화를 할 때 세일즈코어를 사용하는 경우가 많다. 영업 협상은 상담하는 동안 매 분마다 바뀔 수 있고 영업 사원은 이런 상호작용 과정에서 전략을 조정해야 하므로, 추천 엔진은 실시간으로 요청에 대응할 수 있어야 한다.

예를 들어, 여러분이 영업 사원으로서 고객에게 통신 장치를 판매하기 위해 통화 중이라고 가정해보자. 고객은 자신의 사무실 모습과 광섬유 등의 기존 사무실 인프라 및 와이파이 네트워크 종류 등을 알려주고 있다. 여러분은 세일즈코어에 이 정보를 입력하면 플랫폼에서 고객이 구입할 만한 제품을 제안해주기를 원한다. 플랫폼은 이에 대한 응답을 통화한 후나 다음 날이 아니라 실시간으로 해야 한다.

10.4.4 추천을 켜고 끄는 기능

책임 있는 AI 원칙은 인간의 개입을 유지하는 것이 중요하다는 것을 인정한다. 인솔자 설계

human-in-command design[2]를 활용하면 AI를 사용하지 않는 것을 선택할 수 있다. 또한 사용자가 AI의 추천을 무시할 수 없다면 사용자가 마켓클라우드를 채택할 확률은 낮을 것이다. 어떤 클라이언트는 어떤 제품을 고객에게 추천할지에 대해 자신만의 직관을 사용하는 것을 중요하게 여기기 때문이다. 이러한 이유로 마켓클라우드는 사용자가 원할 때 추천 엔진을 켜고 끌 수 있는 모든 권한을 사용자에게 부여하고자 한다.

10.5 파이프라인 구조와 배포 전략

마켓클라우드는 4천 개의 추천 엔진을 효율적으로 구축하기 위해 하나의 데이터 파이프라인을 프로토타입으로 만들어 4천 번 복제하기로 결정했다. 이 프로토타입 파이프라인은 필요한 데이터 전처리 단계와 예제 데이터 세트를 기반으로 하는 단일 추천 엔진으로 구성된다. 추천 엔진에 사용하는 알고리즘은 4천 개의 파이프라인 모두에서 동일하지만 각 고객과 관련된 특정 데이터로 학습된다(그림 10-2 참조).

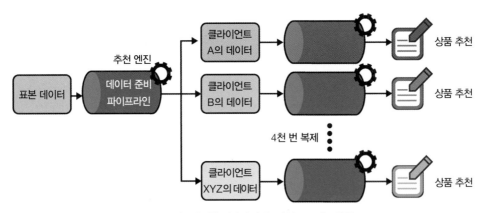

그림 10-2 마켓클라우드 추천 엔진 프로젝트에 대한 데이터 파이프라인 구조의 도식화

이러한 방식으로 마켓클라우드는 4천 개의 추천 시스템을 효율적으로 출시할 수 있다. 엔진이 자체 데이터로 학습되고 각 알고리즘이 서로 다른 매개변수로 작동(즉, 각 클라이언트가 보유한 자신의 고객 및 제품 정보를 사용한다)하기 때문에 클라이언트에게 좀 더 커스터마이징할

---

2 인솔자 설계에 대한 설명은 '카렌 영(Karen Young), 〈책임과 AI(Responsibility and AI)〉(유럽 평의회 연구, DGI(2019)05) 64, 각주 229'에서 확인할 수 있다.

수 있는 여지도 제공할 수 있다.

단일 파이프라인을 4천 개의 파이프라인으로 확장할 수 있는 이유는 데이터 세트의 범용 스키마 때문이다. 클라이언트 A의 데이터 세트에는 100개의 열이 있는 반면 클라이언트 B의 데이터 세트에는 50개의 열이 있거나, 클라이언트 A의 '구매 항목 수' 열이 정수인 반면 클라이언트 B의 동일한 열은 문자열이라면, 서로 다른 사전 처리 파이프라인을 거쳐야 할 것이다.

하지만 클라이언트마다 자신의 고객 및 제품 데이터가 다르더라도, 이 데이터를 세일즈코어에 등록하고 나면 동일한 수의 열과 각 열에 대해 동일한 데이터 유형이 부여된다. 마켓클라우드는 단일 파이프라인을 4천 번만 복사하면 되므로 이러한 작업을 쉽게 수행할 수 있다.

4천 개의 파이프라인에 내장된 각 추천 시스템은 각기 다른 API 종점^{endpoint}을 가질 것이다. 겉보기에는 사용자가 '상품 추천 표시' 버튼을 클릭하면 세일즈코어가 추천 상품 목록을 표시하는 것처럼 보인다. 하지만 실제로 뒤에서 일어나는 일은 사용자가 버튼을 클릭함으로써 특정 고객을 위한 상품 순위 목록과 관련된 특정 API 종점을 호출하는 것이다.

10.6 모니터링과 피드백

4천 개의 추천 시스템을 유지하기는 쉽지 않다. 지금까지 많은 MLOps 고려 사항을 확인하였으나, 아마도 이것이 가장 복잡한 부분일 것이다. 필요에 따라 각 시스템의 성능을 모니터링하고 업데이트해야 한다. 이 모니터링 전략을 대규모로 구현하기 위해, 마켓클라우드는 모델 재학습 및 업데이트 시나리오를 자동화해야 한다.

10.6.1 모델 재학습

새로운 제품을 카탈로그에 추가하거나 카탈로그에서 삭제할 때마다 클라이언트는 새로운 고객을 확보하거나 일부 고객을 잃는다. 즉, 고객과 제품 데이터가 지속적으로 변경되므로 추천 시스템은 최신 데이터를 지속적으로 반영해야 한다. 그래야 추천 품질을 유지할 수 있다. 더 중요한 것은 오래되어 더 이상 지원되지 않는 WiFi 라우터를 추천하는 등의 상황을 피할 수 있다는 점이다.

최신 데이터를 반영하기 위해 매일 자정 최신 데이터 세트로 모델을 재학습시켜, 최신 고객 및 제품 데이터로 데이터베이스를 자동으로 업데이트하도록 자동화 시나리오를 프로그래밍할 수 있다. 이 자동화 시나리오는 4천 개의 데이터 파이프라인 전체에서 구현될 수 있다.

재학습 빈도는 활용 사례에 따라 다를 수 있다. 이번 사례에서는 높은 수준의 자동화 덕분에 매일 밤 재학습이 가능하다. 다른 맥락으로서, 재학습은 다양한 신호(예를 들어 유의미하게 많은 양의 새로운 정보 유입, 고객 행동의 주기적이거나 계절적인 드리프트)에 의해 촉발될 수도 있다.

또한 추천과 그 영향도를 평가하는 시점 사이의 지연기간을 고려해야 한다. 영향도를 몇 개월 지난 후에야 알 수 있다면 매일 재학습시키는 것은 적절하지 않을 것이다. 실제로 행동 변화가 너무 빨라 매일 재학습시켜야 하는 경우, 모델을 현재의 최신 학습 데이터로 학습시키고 몇 개월 뒤에 모델의 추천 결과를 확인해보면 완전히 구식이 될 가능성이 높다.

10.6.2 모델 업데이트하기

모델 업데이트도 규모에 맞는 자동화 전략의 주요 특징 중 하나다. 이 사례에서는 4천 개의 파이프라인 각각에 대해 재학습한 모델을 기존 모델과 비교해야 한다. RMSE[root-mean-square error]와 같은 지표를 사용하여 성능을 비교할 수 있으며, 재학습된 모델의 성능이 이전 모델을 능가할 때만 재학습된 모델을 세일즈코어에 배포한다.

10.6.3 밤새 실행하고, 낮에는 자기

모델을 매일 재학습시키지만, 사용자는 모델과 직접 상호작용하지 않는다. 플랫폼은 업데이트된 모델을 사용하여 밤 동안 각 고객에 대한 제품 순위 계산을 끝낸다. 다음 날 사용자가 '상품 추천 표시' 버튼을 누르면 플랫폼이 고객 ID만 보고 특정 고객에 대한 상품 순위 리스트를 반환한다.

사용자에게 추천 엔진은 실시간으로 실행되는 것처럼 보인다. 그러나 실제로는 밤새 모든 준비가 이루어졌고, 낮에는 엔진이 잠자고 있다. 따라서 서비스 중단 없이 즉시 추천 사항을 받을 수 있다.

10.6.4. 모델을 수동으로 제어하는 경우

모델의 모니터링, 재학습, 업데이트가 완전히 자동화되어 있지만, 마켓클라우드는 여전히 클라이언트가 모델을 켜고 끌 수 있는 여지를 남겨둔다. 좀 더 정확하게 말하면, 사용자는 마켓클라우드를 통해 모델과 상호작용할 수 있는 세 가지 옵션 중 하나를 선택할 수 있다.

- 가장 업데이트된 데이터 세트를 기반으로 추천을 얻기 위해 추천 기능을 켠다.
- 새 데이터를 활용한 재학습을 중지하기 위해 동결(freeze)하고 기존 모델을 계속 사용한다.
- 세일즈코어의 추천 기능 사용을 완전히 중지하기 위해 추천 기능을 끈다.

머신러닝 알고리즘은 처리 작업을 자동화하기 위해 실질적인 지식을 의미 있는 알고리즘으로 변환하려고 시도한다. 그러나 사용자가 자신의 도메인 지식을 활용할 수 있도록 여지를 남겨두는 것은 좋은 실천 사례에 속한다. 사용자가 비즈니스에서 매일 발생하는 프로세스상의 문제를 식별하고 선별하며 재연하는 데 알고리즘보다 훨씬 능숙할 수 있기 때문이다.

두 번째 옵션은 사용자가 새로운 데이터로 추천 엔진을 업데이트하지 않고도 추천의 현재 품질을 유지할 수 있기 때문에 중요하다. 현재 모델을 재학습된 모델로 교체할지는 RMSE 등의 지표에 따른 수학적 평가에 달려 있다. 그러나 세일즈코어의 제품 추천이 이미 판매를 촉진하는 효과가 있다고 느낄 경우 두 번째 옵션을 사용하면 새 모델에서 오히려 추천 품질이 떨어질 리스크를 감수하지 않아도 된다.

10.6.5 모델을 자동으로 제어하는 경우

수동으로 모델을 처리하고 싶지 않은 사용자를 위해, 플랫폼은 A/B 테스트를 제안하여 새 버전으로 완전히 전환하기 전에 새 버전의 영향도를 테스트할 수 있다. 이 목적을 달성하기 위해 멀티-암드 밴딧multi-armed bandit 알고리즘(각 슬롯 머신의 당첨 확률이 다르고 평균적으로 돌려받는 돈의 비율도 다르다는 조건하에서 여러 슬롯 머신을 돌리려는 사용자의 수익을 극대화하는 알고리즘)을 사용한다.

모델의 몇 가지 버전을 사용할 수 있다고 가정해보자. 목표는 가장 효율적인 것을 사용하는 것이지만, 그러기 위해서는 먼저 어떤 알고리즘이 가장 효율적인지 확인해야 한다. 따라서 다음과 같은 두 가지 목표 사이에서 균형을 맞춘다. 때로는 가장 효율적이지 않을 것 같은 알고리즘을 사용해 효율적인지 확인해보고(탐색exploration), 때로는 수익을 극대화하기 위해 가장 효율적일 가능성이 높은 버전을 사용한다(이용exploitation). 게다가 알고리즘은 오늘 가장 효율적인 모델이 내일이 되면 가장 효율적이지 않을 수도 있음을 알기에 과거의 정보, 즉 어떤 모델이 효율적이었는지 기억하지 않는다.

가장 진보된 선택지는 다양한 KPI(클릭, 구매, 예상 매출 등)에 대해 각기 다른 모델을 학습시키는 것이다. 모델들의 앙상블ensemble 모델을 활용하여 모델들 간의 충돌을 해결할 수 있다.

10.6.6 성능 모니터링

영업 사원이 고객에게 세일즈스코어가 추천한 제품을 구매하라고 제안하면, 고객이 추천한 제품에 대해 취하는 반응뿐만 아니라 구매 여부도 기록된다. 그러면 이 기록을 사용하여 추천 시스템의 성능을 추적하고, 고객 및 제품 데이터 세트를 이 기록으로 갱신하여 재학습 시 가장 최신 정보를 모델에 제공할 수 있다.

이 실측 데이터 기록 프로세스 덕분에, A/B 테스트의 성능 비교 등을 포함하는 모델 성능 대시보드를 사용자에게 제공할 수 있다. 실측 데이터를 빠르게 얻을 수 있으므로 데이터 드리프트 모니터링은 부차적이다. 모델의 버전을 매일 밤 재학습시키지만, 동결 메커니즘 덕분에 사용자는 정량적 정보를 기반으로 활성 버전을 선택할 수 있다. 의사결정 과정에서 성과 지표에 대한 전체 맥락을 이해하기 힘든 경우, 영향도가 큰 의사결정 과정에는 인간을 배치해야 한다.

A/B 테스트의 경우, 하나의 고객 군에 대해 한 번에 한 가지 실험만 수행해야 한다. 결합 전략을 활용한다고 해서 단순히 효과가 더해지지 않는다. 이 점을 염두에 두고 건전한 기준선을 마련함으로써, 반사실적counterfactual 분석을 수행하고 새로운 전략과 관련된 수익 증가 및/또는 감소된 고객 이탈을 도출할 수 있다.

이와 별도로 마켓클라우드는 추천 시스템을 동결하거나 해제한 클라이언트 수를 확인하여 매크로 수준에서 알고리즘 성능을 모니터링할 수도 있다. 많은 클라이언트가 추천 시스템을 해제하였다면 추천 품질에 만족하지 못한다는 뜻이다.

10.7 마치며

이번 활용 사례는 마켓클라우드가 다른 많은 기업이 제품을 판매할 때 사용하는 판매 플랫폼을 구축했다는 점이 특이 사항으로, 데이터 소유권은 각 기업에 있고 기업 간 공유는 불가능하였다. 이로 인해 마켓클라우드가 범용 추천 엔진을 만들기 위해 모든 데이터를 읽어들이는 대신 각 사용자에 대해 서로 다른 추천 시스템을 제공해야 하는 어려운 상황이 발생하였다.

마켓클라우드는 다양한 회사의 데이터를 공급할 수 있는 단일 파이프라인을 구축함으로써 이러한 장애물을 극복할 수 있었다. 또한 마켓클라우드는 데이터가 자동화된 추천 엔진 학습 시나리오를 거치도록 함으로써 다양한 데이터 세트에 대해 학습된 많은 추천 엔진을 만들었다. 훌륭한 MLOps 프로세스를 활용하여, 마켓클라우드는 이러한 작업들을 규모에 맞게 수행할 수 있었다.

이 활용 사례는 허구이지만, 현실에 기반을 두고 있다는 점에 주목해야 한다. 이와 비슷한 프로젝트를 진행했던 실제 팀은 프로젝트를 완료하는 데 약 3개월이 걸렸다. 이 팀은 데이터 사이언스 및 머신러닝 플랫폼을 활용하여 단일 파이프라인 4천 개를 복사본으로 복제하는 작업을 조율하고orchestrate 프로세스를 자동화해서, 각 파이프라인에 해당 데이터 세트를 공급하고 모델을 학습시켰다.

그들은 제품을 효율적으로 출시하기 위해 추천 품질과 확장성 사이의 절충을 수용했다. 예를 들어, 이 팀이 각 클라이언트에게 가장 적합한 알고리즘을 선택하여 4천 개의 파이프라인 각각에 대한 맞춤형 추천 엔진을 세심하게 만들었다면 추천 엔진은 더 높은 품질을 갖췄겠지만, 이렇게 작은 팀으로는 결코 프로젝트를 종료할 수 없었을 것이다.

CHAPTER 11

소비 예측

다양한 시점 및 지리적 규모에서 수행하는 예측은 전력 그리드 운영에 중요한 역할을 한다. 예측을 활용하여 시스템의 향후 상태를 시뮬레이션해보고 시스템이 안전하게 작동하도록 할 수 있다.

이번 장에서는 소비 예측을 위한 머신러닝 모델 생애주기 및 MLOps 활용 사례를 통해 비즈니스 고려 사항, 데이터 수집 및 구현 시 결정 사항들을 살펴보겠다. 전력 그리드에 초점을 맞추고 있으나, 소비 예측을 활용하는 다른 산업에서도 활용 사례의 고려 사항과 특수성을 일반화하여 참고할 수 있다.

11.1 전력 시스템

대량 전력 시스템들은 전력 그리드power grid의 중추다. 송전망transmission network이라고 하는 이 시스템들은 빛을 유지하는 시스템의 핵심이다. 주로 전력선과 변압기로 구성되고, 대부분의 생산자 및 소비자와 유통망distribution network을 통해 간접적으로 연결된다. 이 유통망은 송전의 마지막 몇 킬로미터 구간을 관리한다. [그림 11-1]에 설명된 바와 같이, 가장 큰 생산자와 소비자만 대량 전력 시스템에 직접 연결된다.

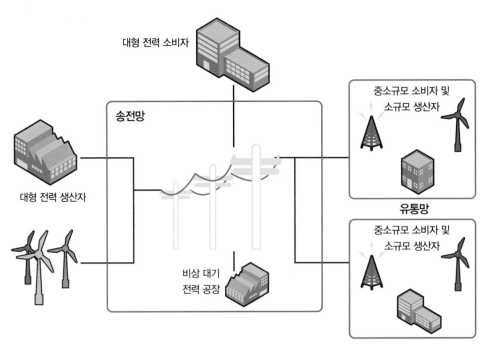

그림 11-1 대량 전력 시스템 예: 대형 생산자 및 소비자만 시스템에 직접 연결된다.

송전 거리가 길고 송전할 전력량이 클수록 사용되는 전압은 높아진다. 낮은 쪽의 경우 수십 킬로미터에 걸쳐 수십 메가와트의 전력량에 대해 수십 킬로 볼트를, 높은 쪽의 경우 수천 킬로미터 거리에 걸쳐 수천 메가와트의 전력량에 대해 백만 볼트를 사용한다. 유럽에서는 약 1천 명의 주민에게 전력을 공급하기 위해 1메가와트의 용량을 전송할 수 있는 전력선 하나를 사용한다. 전송 시스템을 운영할 때는 다음과 같은 특성 때문에 항상 많은 통신과 연산이 필요하다.

에너지 저장소 없음

망에는 의미 없는 수준의 에너지를 저장할 수 있는데 그리드에서는 1초 미만, 교류 발전기^{alternator}와 모터에서는 최대 30초 동안 사용할 수 있는 양이다. 반면, 가스 전송망은 파이프라인에 몇 시간 동안 소비 가능한 용량을 저장할 수 있다. 따라서 생산과 소비의 균형을 유지하고 정전을 피하려면 매우 신속하게 작업을 수행해야 한다.

빈약한 흐름 제어

통신망에서는 정체^{congestion} 발생 시 패킷을 삭제하거나 연결을 끊어서 처리한다. 전력 그리드에는 유사한 메커니즘이 없어 그리드 요소의 전력 흐름이 작동 한계 수준보다 높아질 수 있다. 기반 기술 및 심각도에 따라 몇 초 혹은 몇 시간 이후에 과부하에 대한 조치를 취할 수도 있다. 흐름 제어 기술이 존재하지만, 흐름 제어 기술과 이렇게 임시로 과부하를 유지하는 방법을 적절히 활용해야 한다. 어쨌든 전력은 반드시 생산에서 소비로 가는 경로를 찾아야 한다.

이 두 가지 속성 때문에 그리드 운영자는 항상 비상 사태에 대비해야 한다. 이 그리드 요소가 고장 나면 나머지 요소들이 과부하를 버텨낼 것인가? 수용 예상 시간은 5분에서 50년까지 다양한 기간이 될 수 있다. 취해야 할 조치는 예측 범위^{horizon}에 따라 달라진다. 예를 들면 다음과 같다.

- 5분 이내: 인간에 의한 조치는 불가능하다. 자동적 조치를 미리 잘 정의해야 한다.
- 5분에서 몇 시간 사이: 생산 일정 및 그리드 토폴로지로 대응한다(차단기 개방 및 기타 흐름 제어 기술 활용).
- 며칠 후: 유지보수 일정 내에서 대응한다.
- 계절이 몇 번 지난 후: 유지보수 일정 내에서 대응한다. 전력 용량 보장 또는 발전/소비 제한에 대한 항목을 생산자 또는 소비자와의 계약에 포함한다.
- 5년에서 50년 사이: 그리드 요소에 투자한다. 전력선과 변압기의 표준 기대 수명은 수십 년 정도이고, 그리드의 일부 요소는 100년 이상 문제없을 것으로 예상된다.

또 다른 우려는 지리적 측면에서 존재한다. 일부 비상 사태는 그리드의 작은 부분에만 영향을 미치지만, 어떤 것은 대륙 수준의 영향을 미칠 수 있고 영향도를 완화하기 위해 여러 국가 간에 조율된 조치가 필요할 수 있다. 따라서 그리드 운영에 다음과 같은 사항이 필요하다.

1 시간 제약을 강하게 받는 광범위한 지역에서 데이터를 수집한다.
2 데이터를 처리하고 예측하여 그에 맞춰 조치를 취한다.

11.2 데이터 수집

과거 데이터를 수집하는 것이 예측의 첫 번째 단계다. 데이터 소스에는 크게 두 가지가 있는데 서로 독립적이다. 스카다$^{supervisory\ control\ and\ data\ acquisition}$(SCADA) 시스템, 즉 감독 제어 및 데이터 수집 시스템과 계량 시스템$^{metering\ system}$이다. 예측 활용 사례에 따라 둘 중 하나를 사용할 수 있다.

스카다 시스템은 실시간으로 데이터를 수집하여 운영자에게 시스템의 최신 상태를 제공한다. 또한 망의 설비에 명령(예를 들어, 차단기 열기 및 닫기)을 전송할 수 있다. 이 시스템에 대한 가장 인상적인 장면은 [그림 11-2]와 같이 대부분의 제어실에서 볼 수 있는 시놉틱^{synoptic} 화면이다.

그림 11-2 스카다 시스템은 일반적으로 그리드에서 발생하는 흐름, 소비, 생산에 대한 수천 개의 측정을 매 10초 혹은 그 미만 간격으로 갱신하여 보여준다.

전력 손실 측정과 같은 일부 측정의 경우, 의도적으로 중복하여 수행한다. 전력 흐름을 전력선의 양쪽 끝에서 측정하면, 측정값 간의 차이는 전력선에서 발생한 손실과 같다. 이렇게 손실을 추정하여, 어떤 측정이 누락되었을 때 문제를 처리하거나, 이상 징후를 탐지하거나, 추정의 정밀도를 향상시킬 수 있다.

위와 같이 중복성을 활용하여 네트워크 상태를 측정하는 프로세스를 상태 추정이라고 하고, 이 프로세스를 몇 분마다 실행한다. 작동 기준을 충족하지 못하면 스카다 시스템은 경보를 울린다. 하지만 그리드 요소 중 하나가 작동하지 않아 작동 기준을 만족하지 못할 경우 스카다 시스템은 경보를 울리지 않는다.

상태 추정으로 생성한 일관된 상태를 기반으로 네트워크 요소의 손실에 대한 시뮬레이션(N−1 시뮬레이션)을 정기적으로 실행할 경우, 스카다 시스템은 의미가 없어질 수 있다. 따라서 기록을 하더라도 통합하지는 않고, 보통 결측값을 보강하지 않으며, 이상 징후를 수정하지도 않는다. 상태 추정은 다양한 프로세스에서 활용되므로 일반적으로 몇 개월에서 몇 년의 기간 동안 기록한다.

송장 발행에 사용되는 계량 시스템은 스카다 시스템만큼 반응성이 있을 필요는 없으나 정확해야 한다. 흐름이 아닌 생산과 소비에 초점을 맞춘다. 순간적인 전력을 모니터링하기보다는 몇 분~1시간 동안 철회되거나 주입된 전력을 기록한다.

과거에는 계량 시스템이 수집하는 정보를 최소 하루가 지나서야 얻을 수 있었다. 최신 시스템에서는 몇 분 안에 얻을 수 있다. 그러나 측정값이 누락되거나 이상이 있을 수 있어 통합 및 검증이 필요하다. 이러한 과정으로 인해 최종 데이터는 보통 영업일 기준으로 며칠이 지난 후 사용 가능하고 잘 정리된 상태로 기록된다.

11.3 문제 정의: 머신러닝인가, 머신러닝이 아닌가?

모든 활용 사례가 머신러닝에 적합하지는 않다. 어떤 사례는 다른 방법으로 더 쉽고 저렴하게 해결할 수 있다. 활용 사례의 유형에 따라 예측에 활용하는 기법은 달라질 수 있는데, 이를 [표 11−1]에서 확인할 수 있다.

표 11-1 활용 사례에 따른 예측 기법

활용 사례	예측 기법
운영자가 변경할 수 없는 시스템의 일부에서 예측 불확실성이 발생함	날씨를 바꾸는 것은 사실상 불가능하다. 결과적으로 난방과 에어컨뿐 아니라 풍력 및 태양광(photovoltaic, PV) 발전은 날씨의 영향을 많이 받으므로 확실히 외인성(exogenous)으로 간주할 수 있다. 따라서 이들은 머신러닝에 의한 직접적 예측에 적절하다고 볼 수 있다. 예측 범위(horizon)에 따라 기상 예보나 기후 시나리오를 활용할 수도 있다. 기상 예보는 보통 며칠 전 정도 수준에서 예측이 가능한데, 최근 몇몇 모델들은 몇 달 동안의 추세를 예측하기도 한다.
운영자가 어떻게든 영향을 끼칠 수 있는 시스템의 일부에서 예측 불확실성이 발생함	예를 들자면, 엄밀히 말해 소비(consumption)를 예측하는 것이 아니라 수요(demand)를 예측해야 한다. 소비는 어느 정도 사업자의 손에 달려 있다는 것이 소비와 수요의 차이점이다. 즉, 소비자에게 공급하지 않음으로써 수요를 충족시키지 않을 수도 있다. 같은 관점에서 보면 태양광 및 풍력 발전의 가용 수준을 예측하는 것이지 실제 생산량을 예측하는 것이 아니다.

일부 다른 행위자들이 통제하고 예측할 수 있는 시스템의 일부에서 예측 불확실성이 발생함	예를 들어, 사업자가 전원 장치를 직접 켜거나 끌 수 있는 경우 사업자에게 직접 일정을 확인하는 편이 낫다. 이게 불가능하다면, 수립했던 계획을 재실행하는 편이 나을 수 있다. 즉, 발전소 연료 비용보다 전력 판매 가격이 높으면 사업자는 발전소를 가동시킬 것이다. 이런 경우에는 예측에 에이전트 기반 모델링과 같은 기법을 활용한다.
	대형 공장에서는 운영상의 생산 일정에 따라 소비 일정을 정하는 경우가 많다. 유지 보수 작업을 하려면 미리 계획해야 하기 때문에 유통을 위한 그리드 토폴로지도 미리 일정을 세워둘 가능성이 높다. 이런 모든 경우에, 머신러닝을 사용하여 일정을 예측하기보다 일정을 요청하는 것이 나은 경우가 많다.

11.4 공간 및 시간 해상도

대수 법칙에 따라, 소비를 공간 기준이나 시간 기준으로 집계할 때 예측 불확실성은 감소한다. 사람은 기계가 아니므로 개별 가구의 시간당 소비량을 예측하기 어렵지만, 수백만 인구에 대한 예측은 의외로 간단하고 월별 소비량을 비교적 쉽게 예측할 수 있다.

결과적으로 예측 시스템은 제약조건에 따라 서로 연결된 여러 단계의 예측들로 계층을 이루기도 한다. 예를 들어, 지역 예보를 합산하여 전국 예보를 만들고 시간당 예보를 합산하여 일일 예보를 만든다.

이를 설명하는 확실한 예를 살펴보자. 전기 견인 열차는 그리드 운영자들에게는 우려되는 소비 패턴을 가지고 있는데, 열차가 이동할 때 10~15킬로미터마다 위치하는 변전소를 통해 열차 노선에 전력을 공급받는다. 이로 인해, 약 10분마다 수 메가와트의 소비량이 변전소에서 변전소로 전이된다. 그 결과, 다음과 같은 문제가 발생한다.

- 열차는 항상 어딘가에서 에너지를 소비하고 있고 보통 정해진 시간마다 순환하기 때문에, 노선 단위의 예측은 비교적 쉽다. 따라서 머신러닝이 효과가 있을 것이다.
- 특정 변전소에서 장기간에 걸쳐 내보낸 에너지를 예측하기도 비교적 쉽다. 왜냐하면 열차가 해당 구간을 주기적으로 지나가기 때문이다.
- 하지만 운영자는 열차가 순환하는 동안 과부하를 일으키는지 알고 싶을 것이므로, 일관된 예측이 필요하다.
  - 열차는 한 번에 한 변전소에서만 전력을 끌어가야 한다.
  - 각 변전소는 특정 시점에 소비가 급증할 것이므로, 세밀한 시간 해상도가 필요하다.

결국 해결 방법은 예측 목표에 따라 달라진다.

- 일상적으로 열차의 전력 소비를 모든 변전소에 걸쳐 분할하는 평균 기반 해결책으로는 잠재적인 과부하를 처리할 수 없으므로 적합하지 않다. 열차의 전력 소비 전체에 해당하는 전력 소비량을 각 변전소에 할당하는 최악의 방법을 쓴다면 과부하를 처리할 수는 있으나 전체 소비량이 너무 커서 과부하를 허수로 예상하게 된다.
- 그런데 어떤 지역에 공급하는 어떤 노선에 대한 정비 계획을 세울 때, 여러 번 거치는 위치가 아닌 이상 소비가 발생하는 특정 위치는 별 의미가 없다.

예측 시스템을 설계할 때, 완벽한 시스템이 존재할 가능성이 거의 없으므로 절충을 해야 한다. 마진이 많은 시스템이라면 과부하가 거의 없거나 아예 없으므로 예측 시스템이 대충 작동해도 된다. 하지만 그리드가 한계에 가깝게 작동하는 경우에는 시스템을 신중하게 설계해야 한다.

11.5 구현

스카다 시스템이나 계량 시스템을 통해 데이터를 수집하고 나면 이를 기록해야 한다. 원시 데이터를 저장하는 것 외에도 몇 가지 처리해야 할 것들이 있다.

- **시간 기준 집계(예를 들어, 5분 동안):** 평균 값 혹은 높은 분위수 값을 유지한다. 평균 값은 특정 기간에 소비된 에너지를 나타내며, 높은 분위수 값은 제약조건이 발생했는지 여부를 판단하는 데 유용하다.
- **세분화:** 끌어가는 전력량만 측정할 때는 생산량과 소비량을 별도로 추정해야 한다. 일반적으로, 소비량은 분산 발전(풍력, PV 등)에 의한 생산량 추정치를 제거하고 남은 것이다. 머신러닝은 이러한 추정을 수행하는 데 유용할 수 있다.
- **공간 기준 집계:** 시스템은 균형 잡혀 있으므로, 지역 생산량과 인근 지역과의 교환량 간 차이를 계산해 지역의 소비량을 산정할 수 있다. 과거에는 아주 큰 발전 장치가 몇 곳뿐이었고 주변국과도 많이 연결되어 있지 않아 생산량을 모니터링하기 쉬웠기 때문에 이 방법이 매우 유용했다. 요즘은 분산형 발전이 보편화되면서 더 복잡해져 적용하기 어려울 수 있다.
- **결측값 대체:** 측정값이 누락되었을 수 있다. 스카다 시스템에는 결측값을 더 오래된 값이나 일반적인 값으로 실시간 대체하는 규칙이 존재한다. 계량 시스템에서 전가는 영향도가 큰 프로세스로, 고객의 청구서에 직접 반영된다.

이후에는 데이터를 다른 데이터베이스에 저장한다. 단기적으로 중요한 프로세스에 사용하는 데이터는 고가용성 시스템에 저장하고, 이중화를 통해 데이터 센터의 장애 시 신속하게 복구할 수 있다. 장기 프로세스(청구, 보고, 머신러닝 모델 학습 등)에 사용하는 데이터는 일반적인 IT

데이터베이스에 저장한다. 모니터링되는 그리드 구성 요소의 총 개수는 1,000~100,000개다. 이는 최근 기준으로 적당한 양의 데이터를 생성한다는 의미다. 선진국에서는 대량 전력 그리드가 더 이상 커지지 않으므로 확장성도 문제가 되지 않는다.

11.6 모델링

데이터 준비가 완료되면, 데이터 과학자는 보통 그리드 내 다양한 전력 출력 지점에서 수백 개의 생산 및 소비 이력으로 구성된 시계열 데이터에 접근할 수 있다. 데이터 과학자는 이를 활용하여 다양한 예측 범위에서 생산 및 소비 예측 방법을 개발한다. 데이터 과학자는 주로 풍력과 태양광(때로는 강의 수력)의 생산 잠재력 및 수요에 관심을 갖는다. 풍력과 태양광의 경우 주로 기상학적 요인에 영향을 받는데, 수요에는 대부분 경제활동의 영향이 크지만 기상(예를 들어, 난방 및 냉방)의 영향도 약간 있다.

예측 범위에 따라 모델링 방법이 크게 달라질 수 있다.

- **단기**: 향후 수일 내의 예측 범위. 마지막으로 측정한 값이 큰 영향을 주므로 매우 중요하다. 그리고 예측 방법론 측면에서는 결정론적 예측, 즉 확정적 예측이 가능하다고 볼 수도 있다. 활용 가능 영역 측면에서는 기상 예보도 가능하다. 이 단기 예측 정보를 여러 방법론에서 데이터로 활용하기도 한다.
- **중기**: 수일에서 수년 사이의 예측 범위. 기상, 즉 범위 내 날짜별 날씨를 정확히 예측할 수는 없으나 기후, 즉 날씨의 추이는 예측할 수 있다. 경제 위기와 같은 급격한 변동이 발생하는 경우를 제외하면, 지난해의 데이터에 대한 통계적 보외법(statistical extrapolation)을 활용하여 미래 소비에 대한 통계 지표(평균, 신뢰 구간, 분위수(quantile) 등)를 이 예측 범위 내에서 예측할 수 있다.
- **장기**: 수십 년에 걸친 예측 범위. 투자 의사결정에서 필요로 하는 예측 범위다. 이 예측 범위의 경우, 사회경제적 측면이나 지구 온난화를 고려한 기후적 측면을 고려할 때 현재 추세에 대한 통계적 보외법으로는 충분하지 않다. 따라서 상향식 사용 기반 접근법과 미래에 대한 전문가의 의견 반영 등 다양한 방법으로 통계적 접근법을 보완해야 한다.

머신러닝과 MLOps는 주로 단기 및 중기 예측과 관련이 있다. 이번 장에서 다룬 예시는 둘 중 중기 예측 모델이 더 적합하다. 몇 년간의 데이터를 바탕으로 소비를 예측할 때 다음과 같은 사항을 고려해야 한다.

- **일일 · 주간 · 연간 주기를 모두 포함하는 달력:** 공휴일, 학교 방학뿐 아니라 일광 절약 시간도 큰 영향을 끼칠 수 있어 고려해야 한다.

- **기상학적 변수(온도, 바람, 태양):** 건물의 경우, 열 관성(thermal inertia)이 매우 크기 때문에 최소 2일에서 최대 3주간의 과거 온도를 고려해야 한다.

어떤 종류의 머신러닝 알고리즘을 활용하든, 개별 예측 결과를 사용하기보다는 하루 내, 주 단위 또는 연 단위로 사용하므로 예측 곡선의 평활도가 중요하다. 물론 많은 알고리즘이 데이터가 상호 독립적이고 동등하게 분포되어 있다는 가설에 의존하기 때문에 예측 곡선의 부드러운 곡률을 별도로 고려하지 않는다. 하지만 이번 장에서 다룬 예시의 경우 주어진 날의 소비가 대개 전날의 소비 및 지난 주의 소비와 연관되어 있으므로 이 가설이 적합하지 않으므로 예측 곡선의 평활도를 확인해야 한다.

일반화 가법 모델generalized additive model(GAM)은 좋은 출발점이 될 수 있다. 이 모델은 곡선을 기반으로 하기 때문에 예측 곡선에서 곡률의 부드러움을 보장할 수 있다. 사실, 소비 예측이 바로 이 모델을 개발한 목적 중 하나였다. 이 방법을 활용해서 기후 예측 모델과 결합하여, 머신러닝 모델 기반의 연간 소비 예측 모델을 도출해낼 수 있다.

단기 예측은 더 복잡하다. 그나마 가장 간단한 방법은 최근의 이력 데이터에서 중기 예측에 해당하는 부분을 제거한 나머지 데이터에 대해 ARIMA auto regressive integrated moving average 또는 지수 평활법exponential smoothing과 같은 표준 시계열 기법을 사용하는 방법으로, 이후 며칠간의 단기 예측 범위에 대한 예측을 수행할 수 있다. 물론 이런 간단한 접근법보다 몇 년간의 데이터에 대해 학습하고 통합한 모델이 더 낫다.

예를 들어, 중기 모델을 기상 예측값이 아닌 실제 기상 데이터로 학습한다고 하자. 그러면 중기 모델의 기상 예측이 틀릴 수 있음에도 예측 결과에 너무 높은 중요도를 부여할 수 있다. 예측값을 기반으로 학습한 단기 모델로 이 문제를 해결할 수 있다. 그러나 이런 장단기 메모리long short-term memoty(LSTM) 신경망과 같은 새로운 알고리즘이 각광을 받지만, 모든 날의 모든 시간대에 대해 한 가지 방식으로 한 번에 예측하기란 아직 불가능에 가깝다.

해상도 때문에 무작위성stochasticity이 너무 커 유의미한 예측을 하기 어려운 경우, 시계열 데이터를 공간 기준이든 시간 기준이든 집계한 다음 머신러닝이 아닌 탐구적 방법heuristic으로 집계 데이터를 분할하는 편이 낫다.

- 공간 기준 집계의 경우, 과거 관측값 기반의 공유키 활용
- 시간 기준 집계의 경우, 과거 관측값 기반의 평균적 프로파일 활용

그리드는 계속해서 진화하므로 존재하지 않았던 새로운 생산과 소비가 생겨날 수 있고 소비 패턴에 분열이 일어날 수 있다. 이에 따라 기존 이력 데이터는 더 이상 의미가 없을 가능성이 높다. 예측 방법론은 이러한 예기치 못한 사례도 감안해야 한다. 패턴의 분열은 이상 감지^{anomaly} ^{detection} 방법을 활용하여 확인할 수 있다. 분열을 확인하면, 우선 단순화된 모델을 사용하여 데이터로 활용할 수 있을 만큼 이력 데이터를 충분히 수집한다.

그런 다음, 소비 패턴별로 어떤 표준적 방법을 활용하는 모델을 하나씩 사용하는 대신 신경망을 활용하면 모든 소비에 대응할 수 있는 하나의 모델을 구축할 수도 있다. 실제로 기존 패턴에서 벗어나지만 않는다면 이 모델 하나로 약간의 이력 데이터를 사용하여 소비 예측을 할 수 있다.

11.7 배포

오늘날 데이터 과학자들은 모델의 프로토타입을 R, Python 또는 MATLAB 스크립트로 만드는 경우가 많다. 프로토타입은 데이터를 준비하고, 하나의 데이터 세트로 모델을 학습시키고, 다른 데이터 세트에서 스코어링하는 것으로 이루어진다. 운영화는 다음과 같은 몇 가지 방법으로 진행할 수 있다.

- 프로토타입을 완전히 다시 제작한다. 비용이 많이 들고 융통성은 떨어지지만, 제조 운영 기술(operational technology, OT) 시스템에 탑재(embedding)해야 한다면 필요할 수 있다.
- 데이터 준비와 스코어링만 다시 제작하고, 모델 학습은 별도 일정으로 수행한다. 대략 1년에 한 번씩 다시 학습한다면, 모델이 잘 작동하는지와 운영 기술이 적절한지 검토하는 절차를 정기적으로 수행할 수 있어 모범 실천 사례에 속한다고 볼 수 있다.
- 데이터 사이언스 및 머신러닝 플랫폼을 사용하여 프로토타입을 운영화할 수 있다. 이러한 플랫폼은 유연하며, 보안과 확장성이 보장되는 상용 환경으로 프로토타입을 이전할 수 있도록 해준다. 대부분의 소비 예측 모델은 배치 모드(batch mode)[1]에서 주기적으로 실행된다. 보다 구체적인 활용 사례를 들자면, 이러한 플랫폼은 학습된 모델을 JAR 파일, SQL, PMML, PFA, ONNX로 내보내어 모든 종류의 애플리케이션과 유연하게 통합될 수 있도록 지원한다.

---

1 옮긴이_ 배치 모드는 실시간 추론이 아닌 정기적으로 계산된 결과를 재활용하는 모드를 뜻한다.

11.8 모니터링

이번 절에서는 주로 단기 예측을 다룬다. 사실, 미래는 과거와 완전히 동일하지 않기 때문에 중장기 예측은 시스템적으로 드리프트에 영향을 받는다. 따라서 예측에 사용하기 전에 시스템적으로 모델을 재학습시키는 경우가 많다. 단기 예측에서는 예측이 제때 이뤄지지 않을 경우에 대한 알람이나 기한을 놓칠 수 있는 이벤트에 대한 경고와 같은 모니터링 외에 모델 그 자체도 모니터링해야 한다.

첫 번째 종류의 모니터링은 드리프트 모니터링이다. 전력 소비 예측에서, 드리프트 모니터링을 모델과 함께 배포하여 적용해야 한다. 이상 징후 감지 및 분열 감지를 통해 모델을 계속 사용 가능한지 확인할 수 있다. 사용할 수 없는 것으로 확인되면 다소 빈약한 이력 데이터나 다중 소비 예측에 대한 규범적 세분화^{normative disaggregation} 결과에 기반한 대체 모델을 활용해야 한다. 이 첫 번째 모니터링 계층을 통해 온라인 상태에서 발생할 수 있는 급격한 드리프트를 탐지할 수 있다.

데이터 과학자가 소비 수준에 적응할 수 있는 모델(예를 들어, ARIMA)을 설계하려 한다면, 소비 수준이 학습 기간에 확인된 수준에 비해 높거나 낮음을 탐지하는 것이 유용할 수 있다. 그런데 이 현상이 느리게 발생하여 온라인에서는 탐지가 안 될 수 있다. 이 경우, 예측에 대한 오프라인 분석(예를 들어, 다음 날에 대한 예측을 매일 계산하는 경우 한 달에 한 번 분석할 수 있다)을 통해 느리게 발생하는 드리프트를 탐지할 수 있다. 하지만 추가적인 실측 데이터가 없다면, 이런 소비에 대한 대체 모델로 전환하는 편이 낫다.

마지막으로, 운영화한 후에 평균 절대 백분율 오차^{mean absolute percentage error}(MAPE)와 같은 다양한 지표를 활용하여 예측의 성능을 평가할 수 있다. 상당히 긴 기간(예를 들어, 한 달) 동안 성능 저하가 감지되면, 학습할 수 있을 만큼의 새로운 데이터를 수집하여 해당 모델을 재학습시키는 편이 낫다. 재학습한 모델은 성능이 향상되었을 것이다.

이를 위해서는 설계 및 생산 환경을 CI/CD 프로세스와 긴밀하게 통합해야 한다. 이와 관련한 내용은 6장에서 자세히 설명하였다. 1년에 한 번 새 모델을 수동으로 배포할 수는 있으나, 한 달에 한 번 배포하는 건 비용이 너무 많이 든다. 고도화된 데이터 사이언스 및 머신러닝 플랫폼을 활용하면, 예측에 활용하기 전 며칠 동안 새 모델로 섀도우 스코어링을 수행해볼 수도 있다.

11.9 마치며

이번 장에서는 전력 전송망 운영을 지원하기 위한 데이터 활용 방법을 살펴보았다. 다양한 머신러닝 및 비(非)머신러닝 기법을 활용하면, 몇 분에서 수십 년에 이르는 기간에 해당하는 최대 수천 번의 소비에 대한 예측을 수행할 수 있음을 확인하였다.

MLOps 덕분에 설계, 배포, 모니터링 프로세스가 여러 산업에 걸쳐 표준화되었고, 데이터 사이언스 및 머신러닝 플랫폼이 개발되어 MLOps 프로세스를 지원하고 있다. 소비 예측 시스템 설계자는 이러한 표준 프로세스와 플랫폼을 활용하여 비용, 품질, 가치 창출 시간 관점에서 시스템의 효율성을 개선할 수 있다.

한 걸음 뒤로 물러서서 보면, 업종마다 다양한 머신러닝 활용 사례가 있음을 분명히 알 수 있다. 이러한 활용 사례들은 이 책에서 다룬 문제 정의, 모델 구축, 상용화 등과 관련하여 각자 고유의 복잡성을 가지고 있다. 그러나 업종이나 활용 사례에 관계없이 MLOps 프로세스는 데이터 팀(더 넓게는 조직 전체)이 머신러닝 적용 범위를 확대할 수 있도록 돕는 안내자가 되어줄 것이다.

찾아보기